Iris Kaufmann

Dieser Tag wird wunderbar

Ideen und Anleitungen zu
25 Aktivierungsstunden für Senioren

Iris Kaufmann

Dieser Tag wird wunderbar

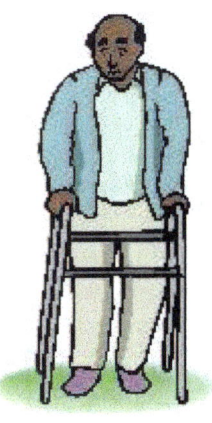

Verlag & Druck: tredition GmbH

Bibliografische Information der Deutschen Nationalbibliothek:
Die Deutsche Nationalbibliothek verzeichnet diese Publikation in der Deutschen
Nationalbibliografie; detaillierte bibliografische Daten sind im
Internet über http://dnb.d-nb.de abrufbar.

© 2021
Verlag & Druck: tredition GmbH
Autor: Iris Kaufmann, Pegau
Umschlaggestaltung, Illustration: Iris Kaufmann

Verlag & Druck: tredition GmbH, Halenreie 40-44, 22359 Hamburg

Das Werk, einschließlich seiner Teile, ist urheberrechtlich geschützt. Jede Verwertung ist ohne
Zustimmung des Verlages und des Autors unzulässig. Dies gilt insbesondere für die elektronische
oder sonstige Vervielfältigung, Übersetzung, Verbreitung und öffentliche Zugänglichmachung.

ISBN: 978-3-347-27224-8

Inhaltsverzeichnis

Inhalt	Seite
Einführung	7
1. Handarbeit	10
2. Namen	13
3. Tiere	16
4. Zahlen	20
5. Bücher	23
6. Berufe	27
7. Garten	30
8. Geld	34
9. Küche	37
10. Hausarbeit	40
11. Obst und Gemüse	43
12. Beim Arzt	46
13. Farben	49
14. Wasser	52
15. Familie	55
16. Musik	59
17. Urlaub	63
18. Märchen	66
19. Zurück in die Vergangenheit	68
20. Einkauf	71
21. Schule	74
22. Essen + Trinken	77
23. Haare	80
24. Kleidung	82
25. Ein Kessel Buntes	85

Zur Einführung

Ich freue mich sehr, Ihnen nun endlich mein neues Buch mit dem Titel:
„Dieser Tag wird wunderbar," vorstellen zu können. Es handelt sich dabei um ein
Ideen- und Anleitungsbuch zur Durchführung von 25 Aktivierungsstunden für
Senioren. Sehr gut geeignet für Gruppenstunden in Alten- und Pflegeheimen,
aber auch in der Einzelbetreuung oder für pflegende Angehörige zu Hause.
Für viele ältere Menschen ist der Tagesablauf oft sehr eintönig. Tätigkeiten, die ihnen
früher keine Mühe bereiteten, fallen plötzlich schwer. Wer nicht mehr so aktiv am
Leben teilnehmen kann, neigt schnell dazu, Dinge zu vergessen. Umso wichtiger ist es,
Körper und Geist durch kleine Übungen immer wieder zu aktivieren.
Außerdem gibt es da ein altes Sprichwort: „Wer rastet, der………"
Die Bewohner meiner Etage sind sehr dankbar, und können die tägliche
Aktivierungsstunde kaum erwarten.

Aber hören sie selbst:

Jeden Tag zur selben Stunde,
treffen wir uns in der Runde.
Haben Spaß und bleiben fit,
alle machen sehr gern mit.

Voller Ungeduld erwartet,
dass die Stunde endlich startet.
Oh, was liegt denn da bereit?
Neugier macht sich schon mal breit.

Lauter Dinge, die man kennt.
Doch wer weiß, wie man sie nennt?
Ach, jetzt fällt´s mir wieder ein,
so was hatten wir daheim.

Mit Gymnastik fangen wir an,
da müssen alle richtig ran.
Das man schön beweglich bleibt,
und das möglichst lange Zeit.

Jetzt wird geraten und nachgedacht,
zwischendurch auch mal gelacht.
Ne Kurzgeschichte vorgelesen,
ja, dass ist es schon gewesen.

Ein Blick zur Uhr, es ist soweit.
Das Mittagessen steht bereit.
Zum Schluss ein kleines Lied gesungen,
na, das hat doch ganz gut geklungen.

Und morgen eine neue Runde,
wieder zu der selben Stunde.
Dann heißt es wieder: „Macht alle mit!"
Denn nur so bleiben wir fit.

Mein Name ist Iris Kaufmann, ich bin 55 Jahre alt und arbeite seit über 10 Jahren in einem Seniorenheim in Sachsen-Anhalt, in der sozialen Betreuung.
Neben meinem Beruf, habe ich es mir zum Hobby gemacht, Bücher zu schreiben.
Im Jahre 2015 schrieb ich mein erstes Buch mit Kurzgeschichten für Senioren. Zwei weitere folgten. **„Als Oma noch die Wäsche schrubbte", „Als Oma noch den Griffel spitzte"**, sowie **„Und sonntags das gute Service"**, erschienen bereits im Kaufmann-Verlag. (Name ist zufällig mit meinem identisch.) und sind sehr erfolgreich.
Den Gedanken, ein Buch über das Durchführen von Gruppenstunden zu schreiben, trage ich schon länger mit mir herum. Jetzt schien es mir an der Zeit, mein Vorhaben zu realisieren.
Als Einstieg in meine Buchpräsentation habe ich ein Gedicht gewählt, dass deutlich macht, wie wichtig auch die Betreuung von älteren Menschen ist.
Wenn von Pflegebedürftigen gesprochen wird, rückt immer erst einmal die Pflege in den Fokus. Doch auch den Kollegen, die in der sozialen Betreuung tätig sind, gebührt Respekt und Anerkennung. Sind sie doch diejenigen, denen sich Bewohner oft als Erste mit ihren Sorgen und Problemen anvertrauen. Pflege- und Betreuungspersonal sollten daher immer eine Einheit bilden, und gemeinsam die Bewohner in den Heimen gut versorgt und mit abwechslungsreichen Beschäftigungsangeboten durch den Tag begleiten.
Die Liebe zu meinem Beruf, lässt mich immer wieder neue Ideen aufgreifen und beim Umsetzen spüre ich, dass die Bewohner sehr viel Spaß an den Aktivierungsstunden haben und das sie ihnen gut tun.
Die Themen in meinem Buch, ähneln den Gruppenstunden, die ich bis zu fünf mal wöchentlich anbiete.
Natürlich gibt es auch andere Möglichkeiten, Senioren zu unterhalten und sinnvoll zu beschäftigen. Für Bingo, Würfeln oder andere funktionelle Spiele, sind die Bewohner auch immer sehr zu begeistern. Es sollte aber immer auf ein gesundes Verhältnis bei der Auswahl von Beschäftigungsangeboten geachtet werden.
Nachdem ich nun ausführlich auf die Beweggründe, die zur Entstehung meines Buches geführt haben eingegangen bin, möchte ich nun noch etwas zu dessen Aufbau schreiben.

Jedes, der insgesamt fünfundzwanzig themenorientierten Kapiteln, beginnt mit einem passenden Sprichwort, auf dass am Ende oft noch einmal genauer eingegangen wird, und dass dann in einer Diskussionsrunde mündet. Redewendungen sind sehr beliebt bei Senioren und selbst demente Personen, sind oft noch in der Lage, diese zu vervollständigen. Aus diesem Grund, enthalten die verschiedenen Kapitel auch oft bekannte Sprichwörter.

Außerdem gehören zu jedem Thema fünf Biografische Fragen, wodurch man zunächst einmal ins Gespräch kommt. Viele ältere Leute berichten gern aus ihrem früheren Leben und damit werden immer wieder Erinnerungen aus dem Langzeitgedächtnis abgerufen. Aber auch das Kurzzeitgedächtnis wird aktiviert, so zum Beispiel beim Reimen oder bei Wortfindungsübungen.

Die einzelnen Kapitel sind ansonsten Jedes ein bisschen anders aufgebaut, damit keine lange Weile aufkommt und immer etwas Spannung auf „Morgen" erhalten bleibt.

Ob nun Reimgeschichte, Schmunzelecke, Schätzaufgaben oder einfach nur Fakten.
Ich bin überzeugt, hier ist für jeden etwas dabei.

Aus eigener Erfahrung weiß ich, dass gerade Reimgeschichten sich bei den Senioren großer Beliebtheit erfreuen, noch dazu wenn sie ein bisschen humorvoll geschrieben sind.

Dieses habe ich mir zur Aufgabe gemacht und denke, es ist mir gut gelungen.
Aber nun ist es an der Zeit, sich selbst von der Qualität meines Buches zu überzeugen.

Alle Gedichte und Geschichten stammen aus meiner eigenen Feder, Fotomaterial erhielt ich außerdem von meiner Familie, Verwandten, Freunden und Arbeitskollegen. Ihnen möchte ich an dieser Stelle recht herzlich für ihre Unterstützung danken.

Ich hoffe, mein Buch ist Ihnen eine kleine Hilfe, bei der Durchführung ihrer anspruchsvollen und wichtigen Arbeit und ich wünsche viel Erfolg.

Iris Kaufmann

zu Aktivierungskisten:

Aktivierungskisten dienen dem besseren Verständnis bei der Durchführung von Gruppenstunden in Alten- und Pflegeheimen.
Sie sind leicht herzustellen. Ein einfacher Schuhkarton reicht aus.
Dieser kann bunt beklebt und gestaltet werden.
Anschließend wird er mit verschiedenen Gegenständen bestückt.
Es sollten Dinge sein, zu denen die Senioren einen Bezug haben und die zum Thema passen. Sie können angefasst und vielleicht auch ausprobiert werden.

1.) Handarbeit

"Ein bisschen aus dem Nähkästchen plaudern"

Tipp: Eine kleine Aktivierungskiste mit verschiedenen Handarbeitsutensilien befüllen, z. B. Stricknadel, Fingerhut, Wolle, Stoffreste, Maßband, verschiedene Knöpfe....
Material in die Mitte des Tisches legen, gemeinsam anschauen, benennen und den Senioren zum Befühlen in die Hände geben.
Anschließend mit einem großen Tuch abdecken.

Biografische Fragen:
1. Können oder konnten Sie stricken, häkeln oder nähen?
2. Wo haben Sie das gelernt?
3. Haben Sie früher für ihre Kinder gestrickt oder genäht?
4. Besaßen Sie eine Nähmaschine?
5. Glauben Sie, dass heute noch genauso viel gestrickt wird wie früher?

ABC - der Handarbeiten:
Angorawolle
Baumwolle
Druckknopf
Einfädler
Fingerhut
Garn
Häkelnadel
Knopf
Loch
Masche
Nadelkissen
Ösenknopf
Perlmuster
Reißverschluss
Schneiderkreide
Tüll
Wolle
Zwirn

Sprichwörter zum Thema und deren Bedeutung erklären lassen:
- Verflixt und zugenäht!   (Etwas will nicht gelingen).
- Die Nadel im Heuhaufen suchen.   (Etwas ist fast unmöglich zu finden).
- Etwas hängt am seidenen Faden.   (sehr knapp)
- Jemanden im Stich lassen.   (Jemand wurde in der Not allein gelassen).
- Etwas zieht sich wie ein roter Faden. (Etwas taucht immer wieder auf).
- Mit zweierlei Maß messen.   (ungerecht urteilen)

In welchen Märchen kommt Handarbeit vor?
- Rumpelstilzchen   Müllerstochter soll Stroh zu Gold spinnen
- Dornröschen   Dornröschen sticht sich an einer Spindel
- Schneewittchen   Königin sticht sich in den Finger
- Frau Holle   Spule fällt in den Brunnen

Welche Techniken zählen außer den bereits Genannten ebenfalls zur Handarbeit?
klöppeln, weben, sticken, knüpfen, stopfen und flicken

Früher wurden kaputte Socken gestopft, heute werden sie oftmals weggeworfen. Was denken sie, warum ist das so?

Und nun ein bisschen Gymnastik für Finger und Hände:
- Wolle wickeln mit den Händen
- Strickbewegungen nachahmen
- Nähnadel einfädeln
- Knopf annähen
- Strumpf stopfen

Wie gut kennen sie sich aus?
Wozu dient ein Fingerhut?
Wofür wird ein Einfädler benötigt?
Was ist ein Nadelkissen?
Wofür braucht man ein Schnittmuster?
Was ist Schneiderkreide?
Was versteht man unter Kreuzstich und Plattstich?
Welche Arten Nadeln gibt es?

Wir reimen:
Was reimt sich auf Wolle?
Knolle, Rolle, Scholle, volle

Was reimt sich auf Masche?
Flasche, Tasche, Lasche,

Was reimt sich auf Faden?
Maden, Laden, Schaden, baden, Waden

Was reimt sich auf Knopf?
Zopf, Topf, Kopf, Kropf, Pfropf,

Was reimt sich auf Loch?
doch, noch, Koch,

Was reimt sich auf häkeln?
räkeln, mäkeln

Was reimt sich auf Garn?
Harn,

Jetzt ist es an der Zeit, den Senioren die Frage zu stellen, welche Gegenstände sich unter dem großen Tuch befinden.
Gemeinsam alle Utensilien zusammentragen und anschließend kontrollieren.

 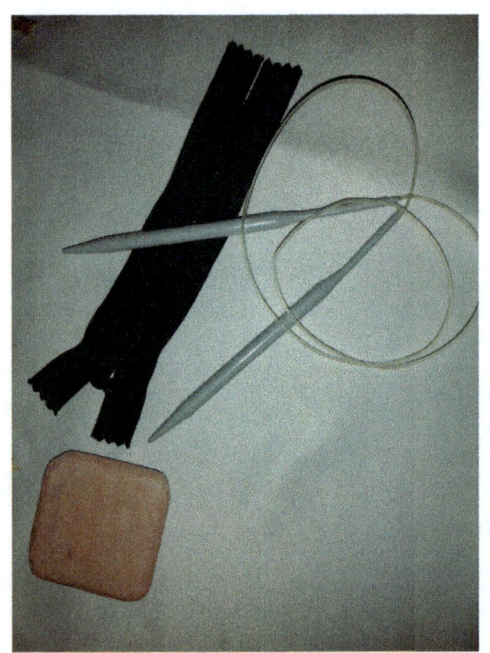

2.) Namen

"Das Kind beim Namen nennen"

Biografische Fragen:
1. Wie heißen Sie? Haben Sie mehrere Vornamen?
2. Gefällt Ihnen Ihr Vorname?
3. Wie hießen Ihre Eltern und Geschwister?
4. Wie heißen/hießen Ihr Ehepartner, die Kinder, die Enkel?
5. Hatten Sie früher einen Spitznamen?

ABC der Namen

A	Anna; Anton	M	Maria; Manfred
B	Birgit; Bruno	N	Nora; Norbert
C	Christa; Conrad	O	Olga; Oskar
D	Dora; Dieter	P	Petra; Peter
E	Elke; Erwin	R	Renate; René
F	Frieda; Falko	S	Steffi; Steffen
G	Greta; Günter	T	Tina; Thomas
H	Hanna; Henry	U	Uta; Ulf
I	Ingrid; Ingo	V	Viola; Volker
J	Jana; Johannes	W	Wanda; Werner
K	Klara; Klaus	Y	Yvonne; Yve
L	Lena; Lars		

Welche Schlager fallen Ihnen ein, in denen Namen vorkommen?
- Bodo mit dem Bagger
- Tür an Tür mit Alice
- Rosamunde
- Karl der Käfer
- Anita
- Barbara
- Joanna
- Hello Mary-Lou
- Michaela

Was haben die folgenden Familiennamen gemeinsam?
Herr Fleischer, Frau Schuster, Herr Kaufmann, Frau Gerber, Herr Müller, Frau Schneider, Herr Glaser, Frau Bergmann, Herr Fischer, Frau Sattler
(Familiennamen, die auch Berufe sind)

Frau Fuchs, Herr Wolf, Frau Vogel, Herr Löwe, Frau Hering, Herr Hecht, Frau Biber, Herr Falke, Frau Specht, Herr Adler, Frau Hahn, Herr Krebs
(Familiennamen, die auch Tiere sind)

Welche Familiennamen enden auf „-mann?"
Hoffmann, Kaufmann, Heinzelmann, Bergmann, Brinkmann, Fuhrmann, Gehrmann, Lehmann, Zimmermann, Neumann, Naumann, Reimann
(3 % aller deutschen Familiennamen)

Schätzfrage: Welche Familiennamen kommen in Deutschland am häufigsten vor?
1. Müller   256.003 mal
2. Schmidt   190.584 mal
3. Schneider   115.749 mal
4. Fischer   97.658 mal
5. Weber   86.061 mal
6. Meyer   83.586 mal

Redewendungen zum Thema und ihre Bedeutungen:
- Was Hänschen nicht lernt, **lernt Hans nimmermehr.**
- Die Dinge beim **Namen nennen.**
- Alles was Rang und **Namen hat.**
- Mein Name ist Hase, **ich weiß von nichts.**
- Hier sieht es aus, **wie bei Hempel`s unterm Sofa.**

Verschiedene Namen kennt man aus den Medien:
wer sind/waren:
Romy Schneider, Michail Gorbatschow, Henry Maske, Jürgen Drews, Silvia Wollny, Günter Jauch, Udo Lindenberg, Elvis Presley, Heintje, Karl Marx, Lady Di, Gerhard Schröder, Marlene Dietrich?

In Märchen sind die handelnden Figuren meist nach ihrem Aussehen oder nach ihren Charaktereigenschaften benannt, welche Namen fallen Ihnen dazu ein?

- Rotkäppchen	rote Kappe aus Samt
- Schneewittchen	Ist weiß wie Schnee, rot wie Blut und schwarz wie Ebenholz.
- Gold-Marie und Pech-Marie	Sie wurden zum Lohn für ihre Arbeit mit Gold bzw. Pech überschüttet.
- Schneeweißchen und Rosenrot	Im Garten standen ein weißer und ein roter Rosenbusch.
- Dornröschen	Während des 100-jährigen Schlafes wuchs eine Dornenhecke um das Schloss herum.
- Aschenputtel	Das Mädchen musste im Hause der Stiefmutter nur schmutzige Arbeiten verrichten.
- Rumpelstilzchen	Es war ein kleiner hässlicher Zwerg.
- Zwerg Nase	Es war ein Zwerg mit langer Nase.

Kuriose Vornamen in Verbindung mit Familiennamen in der Schmunzelecke:
- Reiner Zufall
- Hella Wahnsinn
- Iris Gleichen
- Peter Silie
- Anna Naß
- Axel Schweiß
- Johannes Kraut
- Klara Himmel

3.) Tiere

„Jemandem einen Bären aufbinden"

Tipp: Kleine Aktivierungskiste mit verschiedenen Tierfotos oder Tierfiguren bzw. Plüschtieren in die Mitte des Tisches stellen. Jeder der Senioren, darf sich ein Foto bzw. eine Figur aussuchen. Nach dem Betrachten, wird reihum kurz etwas zum jeweiligen Tier gesagt.

Biografische Fragen:
1. Hatten Sie früher Haustiere und welche?
2. Können Sie sich noch an Namen und Aussehen erinnern?
3. Hatte Ihr Tier eine besondere Eigenart oder gab es ein lustiges Erlebnis?
4. Besaßen Sie Nutztiere, z. B. Hühner oder Kaninchen?
5. Wie war das damals, erzählen Sie!

Redewendungen mit Tieren zum Ergänzen:

- Jemand macht aus einer Mücke einen……..	**Elefanten.**
- Sich wie ein ………… im Porzellanladen benehmen.	**Elefant**
- Die …….. husten hören.	**Flöhe**
- Ich fühle mich wohl wie ein…… im Wasser.	**Fisch**
- Getroffene ……. bellen.	**Hunde**
- Bei Nacht sind alle…… grau.	**Katzen**
- Jemand ist falsch wie eine ………	**Schlange.**
- Wenn die……aus dem Haus ist, tanzen die…… auf dem Tisch.	**Katze; Mäuse**

- Wenn es dem ...... zu gut geht, geht er auf das Eis.   Esel
- Die ....verlassen das sinkende Schiff.   Ratten
- ......die bellen, beißen nicht.   Hunde
- Mit jemandem ein..... rupfen.   Hühnchen
- Mit dir kann man...... stehlen.   Pferde

Welche Lieder mit Tieren fallen Ihnen ein? (Singen Sie gemeinsam!)
- Der Kuckuck und der Esel
- Alle Vögel sind schon da
- Vogelhochzeit
- ABC die Katze lief im Schnee
- Auf unsrer Wiese gehet was
- Fuchs du hast die Gans gestohlen

Welche Nutztiere fallen Ihnen ein und was geben sie dem Menschen?
- Schafe   (Fleisch und Wolle)   - Kaninchen   (Fleisch)
- Kühe   (Fleisch und Milch)   - Schweine   (Fleisch und Wurst)
- Hühner   (Eier und Fleisch)   - Gänse   (Fleisch, Federn)
- Enten   (Fleisch, Federn)   - Bienen   (Honig)

In welchen Märchen begegnen uns Tiere?

- Der gestiefelte Kater　　　　　　　　　　(Kater)
- Rotkäppchen　　　　　　　　　　　　　(Wolf)
- die 7 Geißlein　　　　　　　　　　　　　(Wolf, Ziegen)
- Die Bremer Stadtmusikanten　　　　　　(Esel, Hund, Katze, Hahn)
- Frau Holle　　　　　　　　　　　　　　(Hahn)
- Aschenputtel　　　　　　　　　　　　　(Tauben)
- Die goldene Gans　　　　　　　　　　　(Gans)

Wann waren Sie zum letzten Mal im Zoo?
Welche Tiere gibt es da zu sehen?
Affen, Tiger, Löwen, Giraffen, Elefanten, Pelikane, Schlangen, Leoparden, Nutria, Rehe, Erdmännchen......

Mitsprechgedicht:
Eine Maus im Haus

Ich liebe Tiere ohne Frage.
Doch manche, werden auch zur.... **Plage**.
Mäuse, kleine, süß und fein,
dürfen in mein Haus nicht..... **rein**.

Letzten Winter welch ein Graus,
hat doch tatsächlich eine..... **Maus**
sich ganz dreist bei mir eingerichtet,
und den ganzen Käs..... **vernichtet**.

Würste, Schinken, frisch gehangen,
auch die Maus hatte..... **Verlangen** .
Hat dann noch zu guter Letzt,
die ganze Mehltüte..... **zerfetzt**.

Sie machte wirklich sehr viel Schaden,
fraß mit von unserem..... **Sonntagsbraten**,
hat wirklich völlig ungeniert
von allen Speisen hier..... **probiert**.

Ich liebe ja Tiere doch die Maus,
die musste dringend aus dem….. **Haus**.
Drum holten wir die schlaue Katz
von nebenan, von Herbert …..**Schatz**.

Die sollte nun die Tat verrichten,
die Maus jetzt möglichst schnell …..**vernichten**.
Doch, ach Sie werden es nicht glauben,
ich machte vielleicht große …..**Augen**.

Am Sonntag morgen um halb acht,
hab ich die Kammer….. **aufgemacht**.
Die Neugier plagte mich doch sehr,
doch was ich sah, dass….. traf mich **schwer**.

Da saßen sie, die Katz und Maus
und sahen nicht wie Feinde…..**aus**.
Eng beieinander, ganz verschmust
und schleckten unser….. **Apfelmus**.

Ich jagte beide aus der Kammer,
da nützte auch nicht ihr….. **Gejammer**.
Für mich ist wichtig nur die Maus,
ist endlich raus aus meinem….. **Haus**.

4.) Zahlen

„Drei Kreuze machen"

Biografische Fragen:
1. Wann ist Ihr Geburtstag?
2. Wann haben/hatten Ihr Ehepartner und Ihre Kinder Geburtstag?
3. Wann war Ihr Hochzeitstag?
4. Wie lautet Ihre Postleitzahl?
5. In welcher Hausnummer wohnen Sie/haben Sie gewohnt?

Redewendungen in denen Zahlen vorkommen:
- Rote Zahlen schreiben.   (Schulden haben)
- In Nullkommanichts   (sehr schnell)
- Eins und Zwei zusammen zählen.   (etwas verstehen)
- Den sechsten Sinn haben.   (eine Vorahnung haben)
- Ein Buch mit sieben Siegeln.   (etwas nicht verstehen)
- Zwischen zwei Stühlen sitzen.   (hin und her gerissen sein)
- Alle Viere von sich strecken.   (sich ausruhen)

(Redewendungen aufzählen und erklären lassen)

Zahlen kommen oft in Märchen vor, kennen Sie welche?
- sieben auf einen Streich   (Tapferes Schneiderlein)
- sieben Zwerge   (Schneewittchen)
- sieben Geißlein   (Der Wolf und die sieben Geißlein)
- dreizehn Feen   (Dornröschen)
- zwölf Prinzessinnen   (Die zertanzten Schuhe)

- Oftmals kommt auch die Zahl drei im Märchen vor,
  z. B. Jemand hat drei Wünsche frei oder muss drei Prüfungen bestehen.

- *Vom Fischer und seiner Frau*   Fischer fängt einen Goldfisch und hat **drei Wünsche** frei, wenn er ihn am Leben lässt....

- *Frau Holle*	Ein fleißiges und ein faules Mädchen müssen **drei Aufgaben** erfüllen(Brot aus dem Ofen ziehen, Apfelbaum schütteln, Betten ausklopfen).
– *Drei Haselnüsse für Aschenbrödel*	Die drei Haselnüsse, die Aschenbrödel von einem Kutscher erhält, erfüllen ihr **drei Wünsche.**
- *Rumpelstilzchen*	Die Müllerstochter hat **drei Versuche**, den Namen von Rumpelstilzchen heraus zu finden.

Warum sind Zahlen so wichtig ?
Zahlen haben eine große Bedeutung für alle Lebensbereiche, sie begegnen uns zum Beispiel:

- Geburtsdatum
- Postleitzahl
- Gewicht
- Geld
- Autonummer
- Telefonnummer
- Hausnummer
- Längen/Maßeinheiten
- Kontonummer
- Konfektionsgrößen

Wer kennt sich in der Geschichte gut aus ?

- In welchem Jahr begann der erste Weltkrieg?	**1914**
- Wann war die Weltwirtschaftskrise?	**1929-1933**
- In welchem Jahr kam Adolf Hitler an die Macht?	**1933**
- Wann wurde die Berliner Mauer errichtet?	**1961**
- In welchem Jahr fiel die Berliner Mauer?	**1989**
- Wann wurde der Euro als Bargeld eingeführt?	**2002**

Wichtige Daten im Kalender:

01. Januar	- Neujahr
08. März	- Internationaler Frauentag
01. Mai	- Maifeiertag
01. Juni	- Internationaler Kindertag
03. Oktober	- Tag der deutschen Einheit
06. Dezember	- Nikolaustag
24. Dezember	- Heiligabend
25. Dezember	- 1. Weihnachtsfeiertag
26. Dezember	- 2. Weihnachtsfeiertag

Wann ist Christi Himmelfahrt?
Immer am 40.Tag nach Ostern.
Wann ist Muttertag?
Immer am zweiten Sonntag im Mai.

Kurz nachgedacht:
- 100 Zentimeter sind wie viel Meter? (1 Meter)
- Was ist schwerer, 1Kilo Federn oder 1Kilo Eisen? (beides gleich)
- Was ist mehr, 500 Gramm oder 1 Pfund? (beides gleich)
- 3 Stunden haben wie viele Minuten? (180 Minuten)
- Welcher Monat hat 28 Tage? (alle Monate)
- Eine Woche hat wieviel Arbeitstage? (5)

5-Dinge Spiel
Nennen Sie fünf Dinge, mit denen man schreiben kann!
- Kugelschreiber
- Bleistift
- Füllfederhalter
- Filzstift
- Kreide

Nennen Sie fünf Schmuckstücke!
- Fingerring
- Halskette
- Brosche
- Armreif
- Ohrringe

Nennen Sie fünf Dinge aus Holz!
- Schreibtisch
- Kleiderschrank
- Holzkiste
- Regal
- Tür

Nennen Sie fünf Tiere, die im und am Wasser leben!
- Fische
- Frösche
- Quallen
- Krebse
- Wasserschildkröten

5.) Bücher

"Ein Buch mit sieben Siegeln"

Tipp: Verschiedene Bücher auf dem Tisch ausbreiten, gemeinsam anschauen, Senioren darin blättern lassen.

Biografische Fragen:
1. Lesen Sie gern oder haben Sie früher viel gelesen?
2. Wenn ja, welche Bücher bevorzugen Sie?
3. Haben Sie früher ihren Kindern Gute-Nacht-Geschichten vorgelesen?
4. Welche großen Namen aus der Literatur kennen Sie?
5. Was meinen Sie, lesen die Kinder heute noch genauso gern wie damals?

Welche Bücher gibt es eigentlich?
Sparbücher, Haushaltsbücher, Lesebücher, Bilderbücher, Romane, Fachbücher, Wörterbücher, Lexika, Handbücher, Fühlbücher, Musikbücher, Lehrbücher, Klassenbücher, Atlanten, Duden, Bildbände, Abstammungsbücher, Bibel, Kochbücher……..

Können Sie diese Wörter erklären?
- Bücherwurm   - Leseratte
- Bibliothek   - Drama
- Manuskript   - Autobiografie

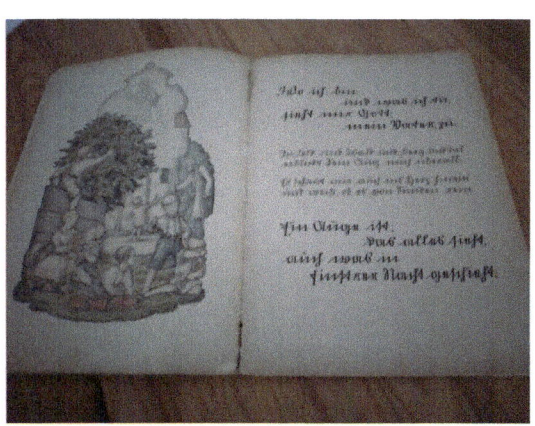

Kinderbuch in alter deutscher Schrift

Welche Berufe sind an der Entstehung eines Buches beteiligt?
- Schriftsteller
- Verlagsmitarbeiter
- Lektor, liest und beurteilt Manuskripte
- Grafiker, bebildert das Buch
- Texter, legt z. B. den Text für den Einband fest
- Buchdrucker
- Buchbinder

Was passt zu welchen Büchern?

- Hexen, Prinzen, Feen?	(Märchenbuch)
- Spannung	(Krimi)
- sprechende Tiere (enthält eine Lehre)	(Fabel)
- Ranzen	(Schulbuch)
- Rezepte für die Küche	(Kochbuch)
- glückliches Ende	(Märchenbuch)
- Geldbeträge	(Sparbuch)
- lachen	(Witzbuch)
- großes Buch mit Fotoaufnahmen	(Bildband)

Wer kommt wo vor?

- Mephisto (Faust)
- Ferdinand und Luise (Kabale und Liebe)
- Abel (2. Sohn von Adam und Eva - altes (Testament)

- Witwe Bolte (Max und Moritz)
- alle Namen einer Schulklasse (Klassenbuch)
- Karl Marx (Kommunistisches Manifest)
- Gold-Marie (Frau Holle)
- Adolf Hitler (Mein Kampf - Autobiografie)

Wortfindung mit Buch:

- Buch (umschlag)
- Buch (führer)
- Buch (binder)
- Buch (autor)
- Buch (stabe)
- Buch (laden)
- Buch (regal)
- Buch (messe)
- buchen
- buchstabieren
- buchhalterisch
- buchstäblich

Zum Abschluss eine Kurzgeschichte, in der Sprichwörter ergänzt werden sollen:

Auch ein blindes Huhn ....

Ich heiße Heinz und bin fast siebzig Jahre alt. Noch, würde ich mich zu den aktiven Senioren zählen. Ich gehe gern wandern, bastle oder fahre auf mein Wochenendgrundstück, um die Ruhe zu genießen und mich zu erholen. Ich lebe allein in meiner kleinen Wohnung, am Rande der Stadt.
Bis zu meiner Pensionierung, habe ich als Tischler gearbeitet. Auch mein Vater hatte schon diesen Beruf erlernt. Er meinte immer: **„Junge, Handwerk hat goldenen Boden."**
Und wie wahr, ich habe meine Berufswahl nie bereut.
Nur mit den Frauen, da hatte ich leider kein Glück.
Ich war sehr schüchtern und das machte die Sache nicht einfacher.
Angeblich gibt es ja **für jeden Topf den passenden Deckel.**
Aber bei mir schien das nicht zu funktionieren.
Als ich zweiundvierzig Jahre alt war, lernte ich beim Herrenausstatter Ingeborg kennen. Ich suchte einen Anzug für die Hochzeit meines Bruders. Sie arbeitete als Verkäuferin in dem Geschäft, und half mir bei der Auswahl meiner Garderobe.

Wir fanden uns auf Anhieb sympathisch und trafen uns immer öfter. Anfangs war ich **blind vor Liebe** und **sah alles durch die rosarote Brille**. Ich war mir ganz sicher, nun endlich meinen passenden Deckel gefunden zu haben. Alle Warnungen meiner Freunde wie: „Aus einer schönen Schüssel kann man nicht essen", schlug ich in den Wind.

Ingeborg **lebte gern auf großem Fuß**, und gab mehr Geld aus, als sie sich mit ihrem kleinen Gehalt leisten konnte.

Ich dagegen war sehr sparsam, aber es heißt ja: „Gegensätze ziehen sich an."

Aber es wurde immer schlimmer, teure Schuhe, Taschen und Schmuck. Sie wollte reisen, etwas von der Welt sehen und **warf unser gesamtes Geld zum Fenster hinaus**.

Als ich dann **arm wie eine Kirchenmaus** war, verschwand sie aus meinem Leben mit den Worten: „Andere Mütter haben auch schöne Söhne." Ich war mittlerweile vierundvierzig und musste feststellen: „Alter schützt vor Torheit nicht." Von den Frauen hatte ich vorerst genug.

Ich beschloss nun erst einmal für mich allein zu bleiben, mich um meinen Garten und meine Hobbys zu kümmern. Die Richtige würde schon noch kommen. Und bis dahin würde ich eben **abwarten und Tee trinken**.

Ja, und es kamen noch so einige.

Aber es war nichts von langer Dauer. Die wahre Liebe konnte ich leider nicht finden. Allerdings möchte ich jetzt mal kurz **aus dem Nähkästchen plaudern**.

Seit zwei Wochen kenne ich Marlene. Wir haben uns im „Café zur Kupferkanne" kennen gelernt.

Sie arbeitet hier am Kuchenbuffet. Und ich, als bekennender Kuchenesser, bin nun natürlich ihr bester Kunde. Ich glaube, ich hab mich nicht nur in die Donauwelle und den Bienenstich verliebt.

Nein, auch Marlene ist mir nicht gleichgültig.

Sie ist eine Frau, **die mit beiden Beinen fest im Leben steht. Und Hand aufs Herz,** diesmal **werde ich keine kalten Füße bekommen**.

Dann wird sich auch dieses Sprichwort bewahrheiten: „**Auch ein blindes Huhn findet mal ein Korn.**"

6.) Berufe

„Lehrjahre sind keine Herrenjahre"

Biografische Fragen:
1. Welchen Beruf haben Sie erlernt?
2. War es Ihr Wunschberuf?
3. Waren Sie immer berufstätig?
4. Welchen Beruf hatte Ihr Ehepartner/in?
5. Hatten Sie eine typische Arbeitskleidung?

Wir überlegen uns jetzt gemeinsam Berufe von A bis Z:

Anwalt	**M**elker
Bauer	**N**äher
Chemiker	**O**fensetzer
Dreher	**P**farrer
Elektriker	**R**ichter
Friseur	**S**chuster
Gärtner	**T**änzerin
Handwerker -	**U**hrenmacher
Ingenieur	**V**ermessungstechniker
Jäger	**W**inzer
Krankenschwester	**Z**ahnarzt
Lehrer	

Einige Berufsgruppen tragen typische Arbeitskleidung :
Was tragen:
- Schornsteinfeger?
- Priester?
- Bankangestellte?
- Handwerker?
- Krankenschwester?
- Köchin?
- Zimmermann?
- Bäuerin?

Nun wäre vielleicht einmal Zeit für das Lied „Grün, ja Grün sind alle meine Kleider."

*Im Alltag begegnen wir Menschen, die verschiedene Sachen zu uns sagen.
Die Aufgabe ist nun heraus zu finden, wer folgendes gesagt haben könnte.*

- „Dürfen es auch 100 Gramm Leberwurst mehr sein?"
- „Guten Tag, Fahrzeugkontrolle. Ihre Papiere bitte!"
- „Ich werde Ihnen eine Überweisung zum Urologen schreiben."
- „Warum hast du deine Hausaufgaben wieder nicht gemacht?"
- „Diese Tropfen nehmen Sie bitte 3 mal täglich, immer nach den Mahlzeiten."
- „Herzlichen Glückwunsch Herr Meyer, es sind Zwillinge."
- „Dieses Kleid spannt aber sehr, Sie brauchen eine Nummer größer!"
- „Sind Sie, Frau Lehmann gewillt, den hier anwesenden Herrn Schmidt zum Manne zu nehmen, dann antworten Sie mit Ja."
- „Wo waren Sie gestern um 22.00 Uhr, und kann das jemand bezeugen?"

In welchen bekannten Liedern werden Berufe besungen?
- Im Märzen der Bauer
- Auf, auf zum fröhlichen Jagen
- Es klappert die Mühle
- Im Wald und auf der Heide
- Bergmannslied
- Capri – Fischer
- Der Puppenspieler von Mexiko

Fallen Ihnen noch andere ein? Singen Sie gemeinsam!

Redewendungen mit Berufen/Ergänzen Sie bitte!
Die dümmsten Bauern haben die größten **Kartoffeln**.
Jemandem das **Handwerk** legen.
Handwerk hat goldenen **Boden**.
Viele **Köche** verderben den Brei.
Die **Axt** im Hause erspart den Zimmermann.
Schuster bleib bei deinen **Leisten**.
Was der **Bauer** nicht kennt, isst er nicht.

Können Sie die Redewendungen erklären?

Welche Berufe wird es bald nicht mehr geben?

- Postbote	Die Menschen verschicken immer öfter ihre Urlaubsgrüße über´s Handy. Auch Post von Behörden geht meist online.
- Buchdrucker	Online Medien und e-books lösen Zeitungen und Bücher ab.
- Holzfäller	Durch den verstärkten Einsatz von Maschinen und den geringeren Papierbedarf.
- Reisebüro-mitarbeiter	Immer seltener gehen die Leute ins Reisebüro. Meist wird Urlaub von zu Hause aus online gebucht.
- Landwirte	Die Maschinen ersetzen immer öfter ihre Arbeit.
- Steuerprüfer	Diese Arbeit wird künftig von Computerprogrammen durchgeführt.

Schmunzelecke:

„Herr Ober, ich habe zu viel getrunken. Bringen Sie mir etwas, das mich wieder nüchtern macht." „Wie Sie wollen, hier ist die Rechnung."

„Herr Ober, in meiner Butter ist eine Fliege."„Falsch geraten mein Herr. Erstens ist die Fliege eine Motte, und zweitens ist die Butter Margarine."

Fragt der Gast den Ober: „Wo bleibt meine Serviette?" Kurze Zeit später kommt der Ober mit einer Rolle Klopapier zurück. Der Gast regt sich schrecklich auf. Doch der Ober bleibt cool:" Für Manche ist es Klopapier, für Andere die längste Serviette der Welt."

Fragt die Lehrerin:
„Nun, Klara, kannst du mir sagen, zu welcher Familie der Walfisch gehört?"Schüttelt Klara den Kopf: „Nein, ich kenne keine Familie die einen Walfisch hat."

Der Richter zum Angeklagten: „Jetzt müssen Sie entscheiden: „Vier Monate Gefängnis oder 4000 Euro?"- „Dann nehme ich das Geld. Wann ist es auf meinem Konto?"

7.) Garten

"Das Gras wachsen hören"

Biografische Fragen:
1. Haben oder hatten Sie einen Garten?
2. Welches Obst und Gemüse haben Sie angebaut?
3. Haben Sie gern Gartenarbeit verrichtet?
4. Gibt oder gab es dort auch Blumen?
5. Wurden da auch Gartenfeste gefeiert? Erzählen Sie uns davon!

Verdrehte Redewendungen, stellen Sie die Sprichwörter bitte richtig!

- Die **Birne** fällt nicht weit vom Stamm.	(der Apfel)
- Das Blatt hat sich **verfangen**.	(gewendet)
- Die **dicksten** Bauern haben die **kleinsten** Kartoffeln	(dümmsten Bauern größten Kartoffeln)
- Jemand hat eine **dunkle** Fantasie.	(blühende)
- Jemand hat **Äpfel** auf den Augen.	(Tomaten)
- Etwas durch den **Baum** sagen.	(Blume)
- Mit dir ist kein **Preis** zu gewinnen.	(Blumentopf)
- Dagegen ist kein **Kohl** gewachsen.	(Kraut)
- Jemandem **klares Wasser** einschenken.	(reinen Wein)
- Auf keinen grünen **Ast** kommen.	(Zweig)

Die verbesserten Sprichwörter können anschließend gemeinsam erklärt werden.

Wortfindungen mit Garten:

Gartenbank, Gartenzaun, Gartenanlage, Gartenlaube, Gartenkräuter, Gartenzwerg, Gartenblume, Gartenfest, Gartensparte, Gartenschaukel, Gartengerät, Gartennachbarn, Gartentür, Gartenkatalog, Gemüsegarten, Schrebergarten, Kindergarten, Schulgarten, Bauerngarten, Steingarten, Bienengarten, Biergarten, Pfarrgarten……

Was ist meist alles in einem Garten zu finden?

- Astschere
- Heckenschere
- Rasenmäher
- Liegestuhl
- Laubbesen,
- Rechen
- Hacke
- Spaten
- Gießkannen
- Gartenschlauch
- Obstpflücker
- Gartenbank
- Hollywoodschaukel
- Sonnenschirm
- Grill
- Gartentisch mit Stühlen
- Sitzauflagen
- Springbrunnen

Einige Dinge habe ich vergessen, fallen Sie ihnen noch ein?

Welches Obst wächst in vielen Gärten?

- Äpfel
- Birnen
- Pflaumen
- Kirschen süß/sauer
- Pfirsiche
- Himbeeren
- Erdbeeren
- Johannisbeeren, rot/schwarz/weiß

Welches Gemüse wächst in vielen Gärten?

- Tomaten
- Gurken
- Paprika
- Radieschen
- Möhren
- Zuckerschoten
- Zwiebeln
- Knoblauch
- Bohnen
- Kohl
- Spinat
- Kohlrabi

Viele Gartenbesitzer bauen auch Kräuter an.
- Petersilie
- Bohnenkraut
- Thymian
- Majoran
- Liebstöckel
- Rosmarin
- Schnittlauch
- Lavendel…….

Welche Blumen findet man oft in Gärten?
- Tulpen
- Osterglocken
- Krokusse
- Rosen
- Nelken
- Gladiolen
- Sonnenblumen
- Iris
- Astern
- Talerblumen…..

Was kann man alles im Garten machen?
- Gartenarbeit
- sich entspannen
- sich sonnen
- ernten
- grillen
- mit Nachbarn plaudern
- Musik hören
- Party feiern
- ein Buch lesen
- Kaffee trinken

Zum Schluss eine kleine Geschichte zum Mitreimen

Mein Garten
Wenn`s draußen wieder schöner wird,
ich kann es kaum **erwarten.**
Die Sonne scheint und alles blüht,
geh ich in meinen ……….**Garten.**

Mein Garten ist mein kleines **Reich**,
da zieh ich mich **zurück**.
Inmitten ist ein schöner………. **Teich,**
der ist mein ganzes ……..**Glück.**

Viel brauch ich nicht zum **Glücklichsein,**
vielleicht ein gutes **Buch.**
Vielleicht auch noch ein Gläschen ……..**Wein,**
das wäre mir………. **genug.**

Vergessen mal den Alltag **heut,**
den Kummer und die **Sorgen.**
Was kümmern mich die ganzen…… **Leut,**
jetzt denk ich nicht an ……..**Morgen.**

Und wenn die Sonne untergeht,
die Flasche Wein ist **leer.**
Dann wanke ich zur Gartentür,
mein Kopf ist ziemlich ……….**schwer.**

8.) Geld

„Wer den Pfennig nicht ehrt, ist den Taler nicht wert"

Tipp: Legen Sie evtl. eine Geldbörse, ein Sparschwein und ein bisschen Kleingeld in die Mitte des Tisches. Es darf auch Geld aus Schokolade sein, dass anschließend aufgegessen wird.

Biografische Fragen
1. Was haben Sie sich von ihrem ersten selbst verdienten Geld gekauft?
2. Haben Sie gern Geld ausgegeben oder waren sie eher sparsam?
3. Haben Sie beim Einkaufen immer auf Angebote geachtet?
4. Haben Ihre Kinder von Ihnen Taschengeld bekommen?
5. Haben Sie regelmäßig Lotto gespielt?

Alles, was sich um Geld dreht von A bis Z

- Aktie
- Bruttoverdienst
- Cent
- Dollar
- Euro
- Finanzamt
- Gehaltserhöhung
- Hypothek
- Insolvenz
- Jahresabschluss
- Kapitalversicherung
- Lottogewinn
- Monatsgehalt
- Nettoverdienst
- Onlinebanking
- Prämie
- Rente
- Sparbuch
- Taschengeld
- Unterhaltsgeld
- Vermögen
- Währung
- Zinsen

Redewendungen zum Thema Geld:

- Geld zum Fenster hinaus werfen	Geld sinnlos verschwenden.
- Es ist nicht alles Gold, was glänzt	Nicht alles was glänzt, ist auch gut.
- Etwas springen lassen	Jemand gibt etwas aus.
- Jemand legt etwas auf die hohe Kante	Jemand spart etwas Geld.
- Er hat Geld wie Heu	Er ist reich.

Kennen Sie die Bedeutung?

Wofür muss man im Leben Geld ausgeben?
Essen, Miete, Dienstleistungen, Gesundheit, Heimplatz, Kleidung, Wohnungseinrichtung, Gas, Strom, Wasser
Auto, Benzin, Bus, Bahn, Hotel, Post ....

Suchen Sie bitte Wörter die mit „Geld" beginnen oder enden!
Geldwert, Geldbetrag, Geldschein, Geldverschwendung, Geldgeschenk, Geldkarte, Geldempfänger, Geldbuße, Geldstrafe, Geldbeutel, Geldbörse, Geldgewinn, Geldempfänger, Geldleute......

- Bargeld, Lösegeld, Urlaubsgeld, Weihnachtsgeld, Begrüßungsgeld,
- Falschgeld, Spielgeld, Kindergeld, Pflegegeld, Steuergeld ....

Wie wird Geld auch im Volksmund oft genannt?
- Knete
- Zaster
- Kohle
- Moneten
- Mäuse
- Moos
- Piepen
- Kröten

Interessantes:
Woher kommen nun all diese Ausdrücke?

Die verschiedenen Bezeichnungen für Geld kommen aus der Geheimsprache der Gauner. Somit sollte niemand, vor allem die Polizei nicht mitkriegen, worüber sie reden. Irgendwann sind diese Ausdrücke schließlich in den Volksmund übergegangen.

Faktenwissen:
- Früher wurden Geldscheine nur schwarz-weiß gedruckt.
- Heute sind sie farbig, weil somit schwerer zu fälschen.

- Der erste Geldautomat wurde 1968 in Tübingen in Betrieb genommen, mit der Aufschrift: „Geldausgabe."

- Die am häufigsten gefälschte Banknote ist der 50 Euro Schein.

- In Deutschland wird das meiste Bargeld herum getragen.

- Die Deutschen sparen knapp 10 Prozent ihres Einkommens.

- Der durchschnittliche Verdienst eines Arbeitnehmers in Vollzeit beträgt in Deutschland 3703,- Euro.

Hier mal eine kleine Rechenaufgabe:
Ilona soll für ihre Oma einkaufen gehen. Sie legt folgende Sachen in den Einkaufskorb:

- 1 Stück Butter   1,00 Euro
- 1 Becher Fleischsalat 1,50 Euro
- 1 Netz Äpfel   2,99 Euro
- 1 Flasche Saft   0,99 Euro
- 1 Tafel Schokolade   1,10 Euro

Reichen die 10,00 Euro, die Oma ihr mit gegeben hat?
Was hat Ilona alles eingekauft, wissen Sie es noch?

Und nun noch eine Frage in die Runde:

Macht Geld allein Glücklich, was meinen Sie?
(Diskussionsrunde)

9.) Küche

„Für jeden Topf findet sich ein passender Deckel"

Tipp: Aktivierungskiste mit verschiedenen Küchenutensilien auf den Tisch stellen. Gut eignet sich ein kleiner Topf mit Deckel, Topflappen, Geschirrtuch, Quirl, Sieb, Kochbuch, vielleicht ist auch noch eine alte Kaffeemühle vorhanden. Die Gegenstände nacheinander sichten und benennen.

Heute beginnen wir mit einer kleinen Gymnastik, dabei kommen vor allem Arme und Hände zum Einsatz:

- Kaffee mahlen mit der alten Kaffeemühle (erst mit rechter Hand, dann wechseln).
- Teig kneten
- Teig ausrollen
- Gurke schneiden (eine Hand hält die Gurke fest, die andere schneidet kleine Scheiben, anschließend Hand wechseln).
- Suppe rühren (erst mit rechter Hand, dann mit links)
- Schnitzel klopfen (erst mit rechter Hand, dann links)
- Schraubglas aufdrehen(erst mit rechts, dann mit links).
- Zitrone auspressen (erst mit rechts, dann mit links)

Biografische Fragen:
1. Haben Sie früher gern gekocht?
2. Haben Sie gern gebacken?
3. Besaßen Sie ein Kochbuch?
4. Für wie viele Personen haben Sie gekocht bzw. gebacken?
5. Welche Gerichte haben Sie am liebsten zubereitet?

Mit der Zeit kamen viele moderne Küchengeräte auf den Markt, die der Hausfrau die Arbeit wesentlich erleichtern.

Welche Geräte fallen Ihnen dazu ein?
- elektrische Brotschneidemaschine
- Kaffeeautomat
- Geschirrspüler
- Kühlschrank/Kühltruhe
- Elektroherd
- Mixer
- Eierkocher
- elektrischer Wasserkocher
- Mikrowelle

Nun überlegen wir einmal gemeinsam, welche Dinge außerdem in eine Küche gehören:
Tisch mit Stühlen,
Küchenschrank mit Tellern, Tassen, Kannen, Gläsern, Essbesteck, Eierbechern, Sieb, Reibe, Nudelholz, Quirl, Brotkorb, Kaffeefilter, Kaffee, Tee, Zucker, Mehl, Salz, Gewürze........

Welche Sachen gehören in den Kühlschrank?
Milch, Käse, Joghurt, Quark, Wurst, Fleisch, Salate, Eier........

Redewendungen und Sprichwörter sind hier wieder ein bisschen durcheinander geraten. Können Sie helfen?
- Viele Köche verderben den **Braten**.   (Brei)
- Der **Mund** isst mit.   (das Auge)
- Die anderen kochen auch nur mit **Wein**.   (Wasser)
- Seinen **Käse** dazu geben.   (Senf)
- Abwarten und **Kaffee** trinken.   (Tee)
- Liebe geht durch die **Nieren**.   (den Magen)
- Eigener Herd ist **verkehrt**.   (ist Goldes wert)

Wissen Sie auch, welche Bedeutung diese Redewendungen haben?

Kartoffeln, Nudeln und Reis bilden die Grundlage für ein schmackhaftes, gesundes Mittagessen.

Welche Gerichte kann man aus den drei Nahrungsmitteln zubereiten?
aus Kartoffeln:
Bratkartoffeln, Kartoffelsalat, Kartoffelpüree, Pommes Frites, Kroketten, Kartoffelauflauf, Kartoffelsuppe

aus Nudeln:
Nudelpfanne, Nudelauflauf, Nudelsuppe, Nudeln mit Tomatensoße, Lasagne, Nudelsalat

aus Reis:
Reiseintopf, Risotto, Reissalat, Milchreis mit Zucker und Zimt

Jetzt noch ein paar Gerichte mit kuriosen Namen, was sind:

- Kalter Hund   (Kuchen mit abwechselnd Keksen und Schokolade)
- Bienenstich   (Kuchen mit Kokos und Mandeln)
- Falscher Hase   (Hackbraten mit Ei in der Mitte)
- Maultaschen   (Nudeltaschen gefüllt mit Spinat oder Fleisch)
- Tote Oma   (Sauerkraut mit Kartoffeln und Grützwurst)
- Hackepeter   (frisches, rohes Gehacktes mit Zwiebel)
- Strammer Max   (Brot mit Spiegelei, Schinken und Käse)

Zuletzt noch eine Frage:

Am Anfang der Stunde hieß es: „Für jeden Topf findet sich ein passender Deckel."
Haben Sie im Leben ihren passenden Deckel gefunden, und ist an dem Sprichwort etwas Wahres dran?
(Diskussionsrunde)

10.) Hausarbeit

"Etwas unter den Teppich kehren"

Tipp: Zu Beginn der Stunde könnte man ein paar typische Gegenstände für den Hausputz in die Mitte des Tisches legen. Das könnten zum Beispiel sein:

alte Kittelschürze
Staubwedel
Teppichklopfer
Fensterleder
Handfeger
Putztuch…….

Nach dem Sichten und herumreichen der Utensilien, sprechen wir gemeinsam über deren Anwendung.

Biografische Fragen:
1. Haben Sie gern Ihre Wohnung geputzt?
2. Gab es einen bestimmten Wochentag, an dem Sie diese Arbeiten erledigten?
3. Mussten Sie alles alleine machen oder hatten Sie Hilfe?
4. Kennen Sie noch das Waschen mit dem Waschbrett?
5. Welche Hausarbeiten haben Sie nicht so sehr gemocht?

Was gehört alles zum Hausputz dazu?
- Betten machen
- einkaufen
- kochen
- abwaschen
- sauber machen
- Staub saugen / wischen
- Fenster putzen
- Wäsche waschen
- bügeln
- Schränke aufräumen
- Wäsche reparieren

Welche Haushaltsgeräte erleichtern uns heute die Arbeit?
- Waschmaschine
- Wäschetrockner
- Staubsauger, Saugroboter
- Geschirrspülmaschine
- Küchenmaschine
- Mikrowelle…………

Welche Sprichwörter gibt es zum Thema Hausarbeit, und was bedeuten sie?

- Nicht alle Tassen im Schrank haben.	Sich unnormal verhalten.
- Hinter schwedischen Gardinen sitzen.	Im Gefängnis sitzen.
- Etwas ausbaden müssen.	Etwas wieder in Ordnung bringen.
- In`s Fettnäpfchen treten.	Etwas Unüberlegtes sagen.
- Etwas ist im Eimer.	Etwas ist kaputt.
- Etwas geht mir durch die Lappen.	Etwas verpasst haben.
- Jemanden herunter putzen.	Jemand wird beschimpft.

Haushalt von A bis Z

Abwasch
Bügeleisen
Duschkabine putzen
Einkauf
Flickzeug
Garnieren
Hausputz
Kehren
Lüften
Möbelpflege
Nähen
Putzen
Reinigung
Sortieren
Tisch decken
Vorsortieren
Waschen
Zusammenlegen

Mitsprechgedicht:
Haushaltstag

Heute putz ich mal spontan,
das ganze Haus mit **Sagrotan**.
Die Küche ist als Erstes dran,
ich putz und schrubb, so gut ich **kann**.

Jetzt wird die Herdplatte poliert,
die alten Dinge **aussortiert**.
Die Spüle glänzt, es ist ein Traum,
so geh ich in den nächsten **Raum**.

In dem Bade angekommen,
wird sogleich der Schwamm **genommen**.
Und die Wanne und das Becken
schnell befreit von alten **Flecken**.

Dann die Dusche, oh mein Gott,
ist das etwa Schimmel **dort?**
Jetzt wische ich noch schnell die Fließen,
und dann muss ich die Blumen **gießen**.

In der Stube erst mal Lüften,
raus mit diesen schlechten **Düften**.
Mein Putzmittel für die Vitrine,
riecht herrlich frisch nach **Apfelsine**.

Auch das Schlafzimmer muss rein,
und immer schön gemütlich **sein**.
Mit dem Besen in der Hand,
kehr ich auch hinter dem **Schrank**.

Betten muss ich auch noch machen,
neu beziehen und solche **Sachen**.
Und dann ist die Putzerei,
für heute erst einmal **vorbei**.

11.) Obst und Gemüse

„Mit jemandem ist nicht gut Kirschen essen"

Tipp: Verschiedene Obst- und Gemüsesorten aufschneiden zum Verkosten, möglichst schön bunt.

Biografische Fragen:
1. Mögen Sie Obst und Gemüse?
2. Welche Sorten bevorzugen Sie besonders?
3. Haben Sie früher selbst Obst und Gemüse angebaut?
4. Wozu haben Sie die verschiedenen Früchte außerdem verwendet?
5. Welche Gerichte haben Sie aus den verschiedenen Gemüsearten gezaubert?

Sprichwörter rund um Obst und Gemüse:
- Der ……. fällt nicht weit vom Stamm.   (Apfel)
- Jemand hat ………. auf den Augen.   (Tomaten)
- Jemanden ausquetschen wie eine…..   (Zitrone.)
- Jemanden eins auf die…….hauen.   (Rübe)
- Jemand ist dumm wie..   (Bohnenstroh.)
- in den sauren ………beißen.   (Apfel)
- Die ……… in Nachbars Garten sind süß.   (Kirschen)

Welches Obst und Gemüse ist rot?
Erdbeeren, Kirschen, Johannisbeeren, Himbeeren, Äpfel, Paprika, Tomaten, Radieschen…….

Welches Obst und Gemüse ist gelb?
Bananen, Zitronen, Birnen, Äpfel, Mirabellen, Paprika, Mais, Karotten, gelbe Zucchini, Kürbisse….

Welches Obst und Gemüse ist grün?
Stachelbeeren, Äpfel, Kiwis, Birnen, Gurken, Paprika, Salat, Brokkoli, Spinat, Rosenkohl……

Es gibt auch exotische Früchte:
- Ananas
- Mango
- Avocado
- Granatapfel
- Kaktusfeige…….

Dazu eventuell ein paar Fotos zum Anschauen mitbringen.

Welches Gericht kann man womit machen?
- mit Weißkohl?   (Weißkohlsalat, Krautrouladen, Weißkohleintopf)
- mit Blumenkohl?   (Blumenkohlsalat, überbackener Blumenkohl, Blumenkohlsuppe)
- mit Tomaten?   (Tomatensalat, Tomatensoße)
- mit Paprika?   (gefüllte Paprika, eingelegte Paprika, Soljanka)
- mit Gurken?   (Gurkensalat, gefüllte Gurken, eingelegte Gurken)
- mit Zucchini?   (gefüllte Zucchini, eingelegte Zucchini, Zucchinipfanne)
- mit Kürbis?   (Kürbiscremesuppe, Kürbis süß- sauer)
- mit Äpfeln?   (Apfelmus, Apfelkompott, Bratapfel, Apfelkuchen)

Nun überlegen wir gemeinsam, welches Obst gehört zum Steinobst?
Pfirsich, Aprikose, Pflaume, Süß- und Sauerkirsche, Nektarine

Welches Obst gehört zum Kernobst?
Apfel, Birne, Quitte

Was gehört zum Beerenobst?
Heidelbeere, Holunderbeere, Johannisbeere, Stachelbeere, Sanddorn, Preiselbeere

Übrigens zählen Erdbeere, Himbeere und Brombeere nicht zum Beerenobst, sondern zu den *Sammelsteinfrüchten*!

Zu welcher Speise passt Apfelmus?
- Quarkkeulchen
- Eierkuchen

Wozu isst man Pflaumen oder Heidelbeeren?
- Hefeklöße

Was macht man mit frischen Erdbeeren?
- Erdbeertorte

Was versteht man unter Rumtopf?
-Verschiedene Früchte werden nacheinander in ein Steingutgefäß mit Deckel geschichtet. (Erdbeeren, Pfirsiche, Brombeeren, Pflaumen, Birnen), Diese müssen immer mit Rum bedeckt sein und an einem kühlen Ort lagern.
Um die Weihnachtszeit kann man den Rumtopf dann genießen.

Was ist eine Bowle?
- Bowle ist ein bliebtes Getränk, vor allem im Sommer. Man kann sie auf verschiedene Art und Weise zubereiten, zum Beispiel mit Sekt, Früchten und Saft.

Haben Sie früher auch selbst Obst und Gemüse eingekocht? Erzählen Sie uns!

Zum Schluss noch einmal zu dem Sprichwort:
„Mit jemandem ist nicht gut Kirschen essen." Kennen Sie die Bedeutung?

12.) Beim Arzt

„Die beste Krankheit taugt nichts"

Biografische Fragen:
1. Wie geht es Ihnen im Moment?
2. Waren Sie früher oft krank und mussten den Arzt aufsuchen?
3. Haben Sie zuerst lieber Hausmittel probiert, bevor Sie zum Arzt gegangen sind?
4. Waren Sie schon einmal im Krankenhaus?
5. Hatten Sie früher Angst vorm Zahnarzt?

Mit welchen Leiden wohin?

- Sie haben einen Hautausschlag.	zum Hautarzt
- Sie sehen plötzlich schlechter.	zum Augenarzt
- Sie haben Herzschmerzen.	zum Herzspezialisten
- Sie haben sich den Arm gebrochen.	zum Chirurgen
- Sie sind erkältet.	zum Hausarzt
- Sie hören schlecht.	zum HNO Arzt
- Sie haben ein Loch im Zahn.	zum Zahnarzt
- Sie hatten einen Nervenzusammenbruch.	zum Nervenarzt
- Sie haben Wehen.	ins Krankenhaus

Gesundheits- ABC

Arztbrief
Binde
Corona Virus
Darmspiegelung
Ekzem
Fieberthermometer
Gallenkolik
Husten
Inkontinenz
Kehlkopfentzündung
Lungenentzündung
Masern
Nasennebenhöhlenentzündung

Ohrenschmerzen
Prellung
Röteln
Salmonellen
Tinnitus
Wehen
Zahnschmerzen

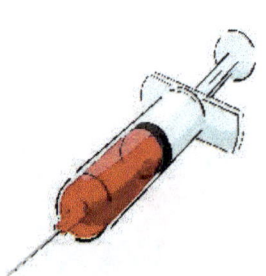

Was findet man alles in einer Arztpraxis ?
Arzt, Schwestern, Patienten, Anmeldung mit Computern, Faxgerät, Telefon, Krankenakten der Patienten, Toiletten. Garderobe, Wartezimmer mit Stühlen, Zeitschriften, Labor, Sprechzimmer, Blutdruckmessgerät, EKG- Gerät, Stethoskop, Spritzen, Medikamente, Pflaster und Verbände, Fieberthermometer, Rezeptblöcke, Formulare……..

Welche Mittel verschreibt der Arzt zur Behandlung verschiedener Erkrankungen?

- Tabletten
- Tropfen
- Zäpfchen
- Salben
- Spritzen
- Massagen
- Wärmebehandlung
- Kur
- Schmerzpflaster
- Bandagen
- Krankengymnastik

Was sollte man für seine körperliche und psychische Gesundheit tun?
- Sport
- gesunde Ernährung
- nicht rauchen
- Stress vermeiden
- Spaziergänge unternehmen
- ausreichend schlafen
- sich pflegen

Wissen sie Bescheid?   (FA = Facharzt)
Was ist ein Urologe?   (FA für Erkrankungen der Harnorgane)
Was ist ein Gynäkologe?   (FA für Frauenheilkunde/Geburtshilfe)
Was ist ein Kardiologe?   (FA für Erkrankungen des Herzens)
Was ist ein Internist?   (FA für innere Medizin)
Was ist ein Pulmologe?   (FA für Lungenerkrankungen)
Was ist ein Neurologe?   (FA für Erkrankungen des Nervensystems)
Was ist ein Dermatologe?   (FA für Erkrankungen der Haut)
Was ist ein Orthopäde?   (FA für Knochen und Gelenke)

Hier darf wieder mit gereimt werden:

Was kann das sein?
Heute Morgen stand ich auf,
und war wirklich nicht gut **drauf**.
Hatte eine raue Zunge,
und ein Brennen auf der **Lunge**.

Doch vielleicht liegt´s auch am Herzen,
denn da hab ich auch so **Schmerzen**.
Hab die schon seit ein paar Tagen,
die sind kaum noch zu **ertragen**.

Was kann denn das nun wieder sein?
Dieser Schmerz im rechten **Bein**.
Es ist kein Ziehen, eher ein Brennen.
Ich kann es gar nicht recht **benennen**.

Und dann das Knirschen und das Knacken,
ich glaub das kommt direkt vom **Nacken**.
Ich hoff, das geht bald wieder weg,
genauso wie der rote **Fleck**.

Seit gestern hab ich diesen Fleck,
der ist jetzt größer, ach du **Schreck**.
Die Salbe hat wohl nichts gebracht,
hat sich verschlimmert über **Nacht**.

Dann dieses Drücken, direkt am Magen,
ich will ja wirklich nicht so **klagen**.
Ich frage mich, was kann das sein?
Und nehme mal paar Tropfen **ein**.

Wenn ich in die Hocke geh,
tun die Knie mir höllisch **weh**.
Das ist wirklich eine Pein,
wird wohl ne Arthrose **sein**.

Ich rufe jetzt den Arzt mal an,
und frage, wann ich kommen **kann**.

13.) Farben

„Sich über etwas schwarz ärgern"

Tipp: Auf dem Tisch eventuell einige farbige Dinge verteilen, wie Buntstifte, Farbkasten, Farbfotos, Gummibärchen zum Naschen oder einen bunten Blumenstrauß in die Mitte des Tisches stellen.

Biografische Fragen:
1. Mögen Sie es lieber bunt oder schwarz- weiß?
2. Welche ist Ihre Lieblingsfarbe?
3. Können Sie sich an Ihre ersten Farbfotos erinnern?
4. Wann haben Sie sich Ihren ersten Farbfernseher gekauft?
5. Welche Farbe hatte Ihr Hochzeitskleid/Hochzeitsanzug?

Bitte ergänzen Sie!
Eine Person, die noch unerfahren ist, die ist **(grün)** hinter den Ohren.
Wenn jemand in Ohnmacht fällt, wird ihm **(schwarz)** vor Augen.
Wenn man einen Ausflug in die Natur macht, dann fährt man in´s **(Grüne)**.
Wer unschuldig ist, der hat eine **(weiße Weste)**.
Wer ohne Fahrschein Bus fährt, der fährt **(schwarz)**.
Wenn jemand etwas Unmögliches verspricht, dann verspricht er das **(Blaue)** vom Himmel.
Auf einen großen Lottogewinn können die meisten Leute warten, bis sie **(schwarz)** werden.
Wer sich gut mit Pflanzen auskennt, der hat einen **(grünen)** Daumen.
Bei Nacht sehen alle Katzen **(grau)** aus .
Wenn man an einen noch unbekannten Ort fährt, dann fährt man in´s **(Blaue)**.
In der Zeitung steht es schwarz auf **(weiß)**.
Jemand der betrunken ist, ist **(blau)**.

Die Farben haben verschiedene Bedeutungen:

Rot steht für **Liebe**, aber auch für **Aggression**.
Blau steht für **Treue** und **Harmonie**.
Grün steht für **Hoffnung**, aber auch für **Gift.** (giftgrün)

Weiß steht für **Reinheit** und **Unschuld**.
Schwarz steht für **Trauer**, auch für **Böses**.
Grau steht für **Alter**, **Weisheit**, auch für **Eintönigkeit**.
Gelb steht für **Neid**, aber auch für **Sonnenlicht**.
Orange steht für **Lebensfreude** und **Energie**.
Gold steht für **Reichtum** und **Glanz**.

In welchen bekannten Liedern kommen Farben vor?
- Bunt sind schon die Wälder.......
- Heideröslein
- Komm lieber Mai und mache die Bäume wieder grün.....
- Gold und Silber lieb ich sehr........
- Hoch auf dem gelben Wagen......
- Ganz in Weiß........
- Schwarzbraun ist die Haselnuss......
- Wenn der weiße Flieder wieder blüht......
- Weiße Rosen aus Athen......
- Rote Lippen, rote Rosen, roter Wein......
- Er hat ein knallrotes Gummiboot........
- Blau, blau, blau blüht der Enzian........

Vielleicht kann man ein oder zwei Lieder von der CD abspielen.
Es darf auch mit gesungen werden.

Was kann man alles färben?
- Ostereier
- Haare
- Wimpern
- Wasser
- Gebäck
- Blüten
- Kleidungsstücke
-

Welche Farben kennen Sie? Es gibt drei Grundfarben.
- Rot
- Blau
- Gelb

Durch Mischen dieser Farben entstehen neue Farben und verschiedene Farbtöne.

Farben mischen:
Was ergeben folgende Farben:
Blau und Gelb wird zu **Grün**
Rot und Gelb wird zu **Orange**
Blau und Rot wird zu **Violett**
Rot und Weiß wird zu **Rosa**
Schwarz und Weiß wird zu **Grau**

Hier sind einige Farbwörter durcheinander geraten.
Sie können sicher helfen.

- himmelgrün   **-blau**
- feuerschwarz   **-rot**
- schneegelb   **-weiß**
- mausblau   **-grau**
- zitronenrot   **-gelb**
- grasgrau   **-grün**

Schätzen Sie einmal!
Wie viele Farben hat der Regenbogen? (7)
von unten nach oben - violett, dunkelblau, hellblau, grün, gelb, orange, rot

Interessantes:
Ein Regenbogen entsteht, wenn die hinter uns stehende Sonne eine Regenwand vor uns beleuchtet. Das passiert meist im Frühjahr oder Sommer.

14.) Wasser

„Jemand ist mit allen Wassern gewaschen"

Tipp: Zu Beginn der Stunde wird jedem Teilnehmer ein Glas Wasser serviert. Nun sollen alle Senioren bewusst einen Schluck trinken, und anschließend im Rahmen der basalen Stimulation, Farbe und Geschmack beschreiben.

Biografische Fragen:
1. Trinken Sie gern Wasser?
2. Baden oder duschen Sie lieber?
3. Können Sie schwimmen?
4. Waren Sie schon einmal am Meer?
5. Erinnern Sie sich an das letzte Hochwasser?

Welche Getränke, die wir täglich zu uns nehmen, werden mit Wasser zubereitet?
- Kaffee
- Tee
- heiße Schokolade
- Brühe

Woran merken Sie, dass Sie Durst haben?
- trockener Mund
- Haut und Lippen trocknen aus
- Kopfschmerzen
- Schwindel
- Konzentration lässt nach

<u>**Wichtig: Jeder sollte täglich 2 Liter Wasser trinken!**</u>

Suchen wir jetzt gemeinsam zusammengesetzte Wörter mit „Wasser":
Wasseruhr, Wasserhahn, Wasserleitung, Wasserrechnung, Wasserbecken, Wasserwerk, Wasserflasche, Wasseroberfläche, Wasserbomben, Wasserlauf, Trinkwasser, Brunnenwasser, Grundwasser, Abwasser, Schmutzwasser, Quellwasser, Mineralwasser,..........

Wozu braucht man im Haushalt Wasser?
- zum Duschen/Baden
- zum Wäsche waschen
- zum Geschirr spülen
- zum Kochen
- zum Trinken
- zum Putzen
- zum Blumen gießen
- zur Versorgung von Haustieren

Wann wird Wasser zu Eis?   **(bei unter 0°C)**
Wann wird Wasser zu Wasserdampf?   **(bei 100°C)**

Kennen Sie Sprichwörter, in denen Wasser vorkommt?
- Jemanden ins kalte Wasser werfen.
- Jemand ist nah am Wasser gebaut.
- Stille Wasser sind tief.
- Andere Leute kochen auch nur mit Wasser.
- Jemand fühlt sich wohl, wie ein Fisch im Wasser.
- Jemandem steht das Wasser bis zum Hals.
- Jemandem läuft das Wasser im Mund zusammen.
- Zwei sind wie Feuer und Wasser.

Was bedeuten diese Sprichwörter?

Schätzfragen:
- Wie viel Liter Wasser passt in eine volle Badewanne? **(etwa 140 Liter)**
- Aus wie viel Prozent Wasser besteht der menschliche Körper? **(70%)**
- Was glauben Sie ist sparsamer, mit Hand oder **mit Geschirrspüler** abzuwaschen?
- Wie lange kann der menschliche Körper ohne Wasser überleben? **(3- 4 Tage)**
- Wie lange ist Trinkwasser haltbar? **(unbegrenzt- laut Gesetz muss aber ein Ablaufdatum auf der Flasche aufgedruckt sein.)**

Was kann man alles im Wasser machen?
- schwimmen
- tauchen
- schnorcheln
- .baden
- auf der Luftmatratze schwimmen
- ins Wasser springen
- Ballspielen
- Schifffahrt

Welche Wassersportarten kennen Sie?
-schwimmen
-synchronschwimmen
-turmspringen
-Wasserball
-surfen
-Wassergymnastik
- rudern

Gewässer von A bis Z

- **A**ller	**M**ain
- **B**ode	**N**eiße
- **C**hiemsee	**O**der
- **D**onau	**P**leiße
- **E**lbe	**Q**uelle
- **F**ulda	**R**hein
- **G**era	**S**aale
- **H**avel	**T**hemse
- **I**sar	**U**nstrut
- **J**enisej	**V**ictoriasee
- **K**aribik	**W**olga
- **L**ena	**Z**eller See

15.) Familie

"Blut ist dicker als Wasser"

Biografische Fragen:
1. Wer gehört alles zu Ihrer Familie?
2. Wie oft sehen Sie Ihre Verwandten?
3. Telefonieren Sie häufig miteinander?
4. Wo wohnen Ihre Kinder?
5. Haben Sie Urenkel?

Bitte erzählen Sie !

Eine Familie sollte sich helfen und füreinander da sein.
War das bei Ihnen immer so?
Fällt Ihnen eine Geschichte dazu ein?

Bestimmte Feste und Feiertage möchte man gern mit der Familie verbringen.
Welche Tage sind das?

- Geburtstage
- Hochzeiten
- Schuleinführungen
- Jugendweihen
- Konfirmationen
- Taufen
- Osterfeiertage
- Pfingsten
- Weihnachtsfeiertage

Die liebe Verwandtschaft:
Wer bin ich?

Ich bin der Bruder deiner Schwester.- Wer bin ich?	(dein Bruder)
Ich bin der Sohn deiner Schwester.- Wer bin ich?	(dein Neffe)
Ich bin die Frau deines Bruders.- Wer bin ich?	(deine Schwägerin)
Ich bin der Vater deines Mannes.- Wer bin ich?	(dein Schwiegervater)
Ich bin die Tochter deiner Oma.- Wer bin ich?	(deine Mutter, oder deine Tante)
Ich bin der Mann deiner Mutter.- Wer bin ich?	(dein Vater)
Ich bin die Frau deines Opa´s.- Wer bin ich?	(deine Oma)
Ich bin die Frau deines Schwagers.- Wer bin ich?	(deine Schwägerin oder deine Schwester)

Was kann das Wohl einer Familie stören?
- Neid
- Eheprobleme
- Alkoholprobleme
- Armut
- Schulden
- Krankheiten

Was fällt Ihnen ein, wenn sie das Wort „Familie" hören?
- Liebe
- Zusammenhalt
- Geborgenheit
- Vertrauen
- Wärme
- füreinander da sein
- bestimmte Traditionen

Früher lebten oft mehrere Generationen unter einem Dach.
Wie ist das heute?

Welche zusammengesetzten Wörter mit „Familie" gibt es?
Familienstammbuch, Familienname, Familiengrab, Familienbesitz, Familienfeier, Familienalbum, Familienhund, Familienstreit, Familienmensch, Familienmitglieder, Familienministerin, Familienmilieu, Familiengesetzbuch, Arbeiterfamilie, Gastfamilie........

Manchmal ist von der buckligen Verwandtschaft die Rede, wie ist das gemeint?
Haben Sie auch solche Verwandten?

Erklärung: Das Wort bucklig steht für nicht gern gesehen, lästig.
Vor allem ferne Verwandtschaft, mit der man sonst kaum etwas zu tun hat und die sich ungebeten zu Besuch angemeldet hat, wird im Volksmund so bezeichnet.

Hatten Sie auch schon einmal Besuch von der buckligen Verwandtschaft und wie sind Sie mit der Situation umgegangen?

Wissen Sie es?

Was ist eine Patchworkfamilie?	Mindestens ein Elternteil bringt ein Kind aus einer früheren Beziehung mit in die neue Familie.
Was ist ein Familienstammbaum?	Ein Stammbaum spiegelt die Verwandtschaftsbeziehungen von Menschen wider
Was sind Familientraditionen?	Immer wieder kehrende Ereignisse, innerhalb einer Familie (Silvesterkarpfen, Kirchenbesuche zu Ostern, gemeinsames Singen zu Weihnachten)

Schmunzelecke:

Am Samstagabend: Die Schwiegermutter ist mal wieder seit dem frühen Morgen und unangekündigt zu Besuch gekommen. Bei Tisch sitzt die kleine Lotta eine Zeitlang ruhig da und starrt die Oma an. Dann steht sie auf, geht zu ihr und leckt mit der Zunge an ihrem Kleid. Ungehalten springt die Schwiegermutter auf: „Was machst du denn da?"-„Mama hat Recht, dein Kleid ist vollkommen geschmacklos!"

„Mensch Fritz, nie mehr trinke ich einen Schluck Alkohol." „Warum, was ist passiert, Toni?" „Ich habe gestern im Suff meine Schwiegermutter doppelt gesehen."

„Susi", droht die Mutter, „falls dein Mann das nächste Mal wieder betrunken ist, wenn ich euch besuchen komme, drehe ich auf der Stelle um und komme nie wieder!" „Um Himmelswillen, Mutti, nicht so laut" fleht das Töchterlein, „wenn das Jens hört, der wird ja nie wieder nüchtern!"

Die junge Ehefrau kommt zu ihrer Mutter: „Er hat gesagt, ich soll mich zum Teufel scheren."
Da entfährt es der Mutter: „Und da kommst du ausgerechnet zu mir?"

„Woran ist deine Schwiegermutter gestorben?"-„An ihrer Rechthaberei!"-„Das gibt´s doch gar nicht?!"-„Doch, doch! Sie behauptete, das sei niemals ein grüner Knollenblätterpilz."

16.) Musik

„Der Ton macht die Musik"

Biografische Fragen:
1. Singen Sie gern?
2. Welche Musik mögen Sie besonders?
3. Spielten Sie früher ein Musikinstrument?
4. War es bei Ihnen üblich, gemeinsam mit der Familie Weihnachten zu singen?
5. Hören Sie gern Radio?

Musik von A bis Z

- Akkordeon
- Bass
- Cello
- Duett
- E-Gitarre
- Flöte
- Geige
- Harfe
- jodeln
- Klarinette
- Lied
- Mundharmonika
- Notenschlüssel
- Oper
- Posaune
- Rassel
- Schlager
- Triangel
- Ukulele
- Violine
- Waldhorn
- Zieharmonika

Jetzt sollen bekannte Lieder erraten werden, als Hilfe wird immer eine bestimmte Textstelle aus dem jeweiligen Lied vorgelesen:

- Ich seh die Blümlein prangen, des ist mein Herz erfreut…..
(Der Winter ist vergangen.)

- Von der Mutter einen Gruß…..
(Kommt ein Vogel geflogen.)

- Flink laufen die Räder und drehen den Stein, klipp-klapp….
(Es klappert die Mühle am rauschenden Bach)

- Ich schnitt in seine Rinde, so manches liebe Wort.....
(Am Brunnen vor dem Tore)

- Doch wir sind uns treu.....
(Marmor, Stein und Eisen bricht)

- Dann kommt das Glück von ganz allein.....
(Ein bisschen Spaß muss sein)

- Sie pusten und prusten, fast geht nichts mehr rein.....
(Aber bitte mit Sahne)

Ergänzen sie nun bitte folgende Schlagertitel:

- Jürgen Drews suchte sich ein „Bett im ....**Kornfeld.**"

- Rudi Carrell fragte sich: „Wann wird's mal wieder richtig....... **Sommer?**"

- Katja Ebstein behauptete: „Wunder gibt es........**immer wieder.**"

- Udo Jürgens sang: „Mit 66 Jahren.........**da fängt das Leben an.**"

- Andrea Berg meinte: „Du hast mich tausendmal........**belogen.**"

- Roland Kaiser besang: „Sieben Fässer ....**Wein.**"

- Wencke Myhre schwärmte: „Er hat ein knallrotes........**Gummiboot.**"

Nun ist es Zeit für ein wenig Bewegung im Sitzen:
Wir musizieren gemeinsam mit verschiedenen gedachten Musikinstrumenten.
Übungen beliebig wiederholen und dazu eine Schlager CD- einlegen.
- Unsere Finger spielen Klavier.
- Wir spielen Flöte.
- Wir spielen ein Streichinstrument.
- Wir trommeln mit den Fingern.
- Wir spielen Gitarre.
- Wir hauen auf die Pauke.
- Alle klatschen in die Hände.
- Alle stampfen mit den Füßen.
- Wir bewegen uns wie beim Tanz.

Welche Volkslieder kennen Sie?
- „Horch, was kommt von draußen rein"
- „Hoch auf dem gelben Wagen"
- „Fuchs du hast die Gans gestohlen"
- „Der Kuckuck und der Esel"
- „Heideröslein"
- „Kuckuck ruft`s aus dem Wald"
- „Kommt ein Vogel geflogen"
- „Es klappert die Mühle am rauschenden Bach"
- „Alle Vögel sind schon da"

Singen Sie gemeinsam!

Sprichwörter zum Thema Musik:

Welche fallen Ihnen dazu ein?

- Etwas klingt wie Musik in meinen Ohren.	**Etwas klingt gut.**
- Jemand will die erste Geige spielen.	**Jemand will im Mittelpunkt stehen.**
- Aus dem letzten Loch pfeifen.	**Jemand ist am Ende seiner Kräfte.**
- Hier spielt die Musik.	**Man soll sich auf das Wichtige konzentrieren.**
- Etwas an die große Glocke hängen.	**Etwas herum erzählen.**
- Alles tanzt nach meiner Pfeife.	**Ich bestimme hier!**
- Der Ton macht die Musik.	**Es kommt drauf an, wie man etwas sagt.**
- Davon kann ich ein Lied singen.	**Das kenne ich zur Genüge.**
- Wer die Musik bestellt, bezahlt sie auch.	**Wer etwas eingerührt hat, muss dafür gerade stehen.**
- In´s gleiche Horn blasen.	**Die gleiche Meinung haben.**
- Leg mal eine andere Schallplatte auf.	**Erzähle nicht immer dasselbe.**
- Jemandem die Meinung geigen.	**Jemandem die Meinung sagen.**

Schmunzelecke:

Der Veranstalter ist verwirrt: „Das soll ein gemischter Chor sein? Ich sehe nur Herren."
Darauf der Chorleiter: „Ist aber ein gemischter Chor, die eine Hälfte kann singen, die andere Hälfte nicht."

Ein Polizeibeamter kontrolliert einen Straßenmusikanten. Nachdem sich der Polizist den Personalausweis angesehen hat, sagt er zu dem Musikanten: „Begleiten Sie mich bitte."
„Aber gern, Herr Wachtmeister, was wollen Sie denn singen?"

Während der Musikprobe: Der neue Tubaspieler starrt hingerissen auf die vielen hübschen Mädchen und stellt anerkennend fest:
„ Ganz schön viel Frischfleisch hier!"
„Stimmt", seufzt sein Nachbar," aber ich habe leider meine eigene Konserve dabei."

Eine Patientin liegt auf dem Operationstisch. Sagt der Arzt: „Schwester, die Instrumente bitte." Daraufhin meint die Patientin entsetzt: „Ja, so was! Ich liege hier schwerkrank, und Sie wollen Musik machen."

Fritz steht am offenen Fenster und übt sein Bass-Solo. Plötzlich kommt ein Schuh geflogen. Fritz flucht........Seine Frau ermuntert ihn: „Übe weiter, der Schuh passt, vielleicht kommt der Zweite auch noch..."

17.) Urlaub

„Reisende soll man nicht aufhalten"

Tipp: Auf dem Tisch einen Atlas oder Globus platzieren, sowie verschiedene bunte Ansichtskarten, Muscheln oder einen alten Koffer.

Biografische Fragen:
1. Wieviel Tage Urlaub im Jahr standen Ihnen zu?
2. Wie haben Sie Ihren Urlaub meist verbracht?
3. Wohin sind Sie verreist?
4- Sind Sie schon einmal mit dem Flugzeug geflogen?
5. Was war Ihr schönster Urlaub?
   Erzählen Sie uns davon!

Hier werden beliebte deutsche Reiseziele gesucht anhand ihrer typischen Merkmale
- Begrüßung mit Moin,moin
- Strandkörbe
- Möwen
- **(Ostsee)**

- Hexentanzplatz
- Schmalspurbahn
- Brocken Hexe
- **(Harz)**

- ist als Stadtstaat ein deutsches Bundesland
- liegt im Norden Deutschlands
- Hafen und Reeperbahn
- **(Hamburg)**

- Oktoberfest
- Dirndl und Lederhosen
- Baden in der Isar
- **(München)**

- weihnachtliche Schnitzereien
- Bergbau
- Skipisten und Langlaufloipen
- **(Erzgebirge)**

- Völkerschlachtdenkmal
- Buch- und Messestadt
- Thomaskirche
- **(Leipzig)**

- Gezeiten „Ebbe und Flut"
- Muscheln
- raues Klima
- **(Nordsee)**

Wahr oder Falsch?
Dazu jedem Teilnehmer der Runde je eine grüne und eine rote Karte geben.
Ist die Aussage richtig, wird die grüne Karte gezeigt, ist die Aussage falsch, die Rote.
Dadurch wird gleichzeitig das Reaktionsvermögen geschult.

- Deutschland grenzt an Frankreich	(richtig)	
- Die Hauptstadt von Frankreich ist Madrid	(falsch)	(Paris)
- Der Balaton ist in Italien	(falsch)	(Ungarn)
- An der Ostsee gibt es Ebbe und Flut	(falsch)	(an der Nordsee)
- Der Brocken befindet sich im Harz	(richtig)	
- In Holland ist immer Sommer	(falsch)	
- Der Eifelturm steht in Paris	(richtig)	
- Der Chiemsee ist der größte See in Bayern	(richtig)	
- Die Donau fließt durch sechs Länder	(falsch)	(10)

Erklärung: **Deutschland, Österreich, Slowakei, Ungarn, Kroatien, Serbien, Rumänien, Bulgarien, Ukraine und Moldawien**

Jede Gegend hat ihre eigenen Spezialitäten, die unseren Gaumen verwöhnen. Die meisten davon, haben Sie schon öfter gehört. Deshalb wird es Ihnen nicht schwer fallen, die Namen dieser leckeren Gerichte zu vervollständigen.

- Königsberger........ (Klöpse)
- Thüringer............ (Klöße)
- Leipziger............. (Allerlei)
- Spreewälder........ (Gurken)
- Münchner........... (Weißwürste)
- Schwäbische .... (Maultaschen)

- Rheinischer………   (Sauerbraten)
- Schwarzwälder…..   (Kirschtorte)
- Dresdner………….   (Christstollen)
- Nürnberger ………   (Lebkuchen)
- Wiener……………   (Schnitzel)
- Frankfurter……….   (Kranz)

Welche beliebten Urlaublsänder kennen Sie?
- Mallorca (Spanien)
- Griechenland
- Türkei
- Italien
- Portugal
- Ägypten
- Frankreich
- Tunesien
- Österreich
- Bulgarien
- Kroatien

Wenn man in seinem Urlaub verreist, was sollte man auf keinen Fall vergessen?
- Reiseunterlagen, Geld, Ausweis oder Pass
- Koffer mit entsprechender Sommer bzw. Winterkleidung, Schuhe, Badesachen,---
- Waschtasche, Kosmetik, Handtücher

Haben Sie schon einmal etwas Wichtiges vergessen?
Was bedeutet das Sprichwort:
„Reisende soll man nicht aufhalten?"(Wenn sich jemand etwas in den Kopf gesetzt hat, kann man ihn nicht davon abhalten.))

18.) Märchen

„Jemandem ein Märchen auftischen"

Tipp: Eine Aktivierungskiste mit verschiedenen Gegenständen, die in Märchen vorkommen in die Mitte des Tisches stellen. Das könnten zum Beispiel sein: Gürtel, Kamm, eine Flasche Wein, Fliegenklatsche, goldene Kugel, Linsen, Kreide, Spiegel..........
Diese Dinge sichten, benennen und gemeinsam den entsprechenden Märchen zuordnen.

Biografische Fragen:
1. Mögen Sie Märchen?
2. Welches war als Kind Ihr Lieblingsmärchen?
3. Besaßen Sie ein Märchenbuch?
4. Haben Sie auch Ihren Kindern Märchen vorgelesen?
5. Schauen Sie sich heute noch gerne Märchenfilme an?

Märchen/-figuren von A bis Z:
Aschenbrödel
Die **B**remer Stadtmusikanten
Dornröschen
Einäuglein, Zweiäuglein und Dreiäuglein
Der **F**roschkönig
Die **G**oldene Gans
Hänsel und Gretel
Jorinde und Joringel
König Drosselbart
Das **L**umpengesindel
Müllerstochter
Prinzessin
Rotkäppchen
Schneewittchen
Das **t**apfere Schneiderlein
Von Einem der auszog, das Fürchten zu lernen
Wolf
Zwerg Nase

Wissen Sie das?

Wie beginnen die meisten Märchen?	Es war einmal….
Wie enden die meisten Märchen?	Und wenn sie nicht gestorben sind, dann leben sie heute noch.

Hier stimmt etwas nicht, stellen Sie es bitte richtig!

- Schneekäppchen	(Rotkäppchen)
- Das dicke Schneiderlein	(Das tapfere Schneiderlein)
- Brüderchen und Mütterchen	(Brüderchen und Schwesterchen)
- König Zottelbart	(König Drosselbart)
- Schneeröschen und Rosenrot	(Schneeweisschen und Rosenrot)
- Rumpellieschen	(Rumpelstilzchen)
- Zornröschen	(Dornröschen)
- Das goldene Huhn	(Die goldene Gans)

In welchen Märchen kommt ein Jäger vor?
- Rotkäppchen
- Schneewittchen
- Der Wolf und die sieben Geißlein

In welchen Märchen kommt eine böse Stiefmutter vor?
- Schneewittchen
- Aschenbrödel
- Hänsel und Gretel
- Frau Holle
- Brüderchen und Schwesterchen

In welchen Märchen kommen Tiere vor?

- Die Bremer Stadtmusikanten	(Esel, Hund, Katze, Hahn)
- Der Wolf und die sieben Geißlein	(Wolf und Ziegen)
- Rotkäppchen	(Wolf)
- Schneeweisschen und Rosenrot	(Bär)
- Der gestiefelte Kater	(Kater)
- Aschenbrödel	(Pferd und Tauben)
- Frau Holle	(Hahn)
- Brüderchen und Schwesterchen	(Reh)
- Die goldene Gans	(Gans)
- Hans im Glück	(Pferd, Kuh, Schwein, Gans)

Was bedeutet das Sprichwort: „Jemandem ein Märchen auftischen"?

19.) Zurück in die Vergangenheit
„Früher war Alles besser"

Tipp: Die Stunde beginnt mit der Sichtung und Benennung verschiedener alter Gegenstände, die auf dem Tisch platziert werden.
Dabei gibt es viele Möglichkeiten, zum Beispiel:
- alte Kaffeemühle
- Schiefertafel mit Griffel
- Buch in altdeutscher Schrift
- alte Puppe
- alte Sammeltasse
- Waschbrett
- alte Fotos und Bilder........

Erzählen Sie darüber!

Biografische Fragen:
1. Können Sie sich noch an die Wohnung, in der Sie als Kind lebten erinnern?
2. Wie waren die einzelnen Zimmer eingerichtet?
3. Wie sahen die Möbel aus?
4. Womit haben Sie am liebsten gespielt?
5. Können Sie sich an Ihren ersten Fernseher erinnern?

Das Leben verändert sich mit der Zeit. Dinge, die früher ganz normal waren, sind heute fast ausgestorben.
Kennen Sie noch:

- Kassettenrecorder
- Kassetten (Bandsalat)
- Telefon mit Wählscheibe
- Telefonzellen mit Münztelefon
- eingeschränkte Ladenöffnungszeiten
- Fernsehen mit Sendepause
- Schulterpolster
- D- Mark
- 1000-er Geldscheine
- Videokassetten
- Gummitwist
- Schreibmaschine
- Rasiermesser
- Milchkannen aus Aluminium
- Kohlebrikett
- Bohnerbesen und Mopp
- Taschenuhren
- Tropfenfänger.....

Interessieren Sie sich für Sport oder waren Sie früher selbst sportlich aktiv?
Dann können Sie sich sicher noch an folgende große Sportlerinnen und Sportler erinnern. Wissen Sie noch in welchen Sportarten sie erfolgreich waren?

- Steffi Graf	**Tennis**
- Boris Becker	**Tennis**
- Michael Schumacher	**Formel 1**
- Katharina Witt	**Eiskunstlauf**
- Sven Hannawald	**Skispringen**
- Jan Ulrich	**Radsport**
- Max Schmeling	**Boxen**
- Franz Beckenbauer	**Fußball**

Welche Filme oder Serien im Fernsehen haben Sie früher gern geschaut?
(z. B. Unsere kleine Farm, Columbo, Dallas, Denver Clan, Die Schwarzwaldklinik, Drei Damen vom Grill, Die Lindenstraße, Lassie, Flipper, Hart aber herzlich, Mord ist ihr Hobby)

Alte Wörter, die heute niemand mehr sagt:
Was ist ein........?

- Vatermörder   (steifer, vorn offener hoher Stehkragen eines Hemdes)
- Dreikäsehoch   (kleiner Junge, der alles besser weiß)
- Firlefanz   (unnötige Verzierung)
- Quacksalber   (jemand, der ohne Qualifikation Heilkunde ausübt)
- Unfug   (Dummheiten)
- Schlawiner   (ein pfiffiger, lebhafter, gerissener Mensch)
- Brimborium   (Überflüssiges, unnützer Aufwand)
- Stelldichein   (ein romantisches Treffen)
- Fräulein   (unverheiratete Frau)

alte Sprichwörter zum Ergänzen

- Abends wird der ....   Faule fleißig.
- Alte Liebe........   rostet nicht.
- Die Zeit heilt alle.........   Wunden.
- Der Mensch lebt nicht vom.........   Brot allein.
- Eine Hand wäscht ....   die Andere.
- Ein Unglück kommt selten   allein.
- Jeder kehre vor seiner eigenen........... Tür.
- Lachen ist die beste........   Medizin.
- Wenn Zwei sich streiten, freut sich der..... Dritte.
- Wer rastet, der.......   rostet.

Ist an diesen Sprichwörtern etwas Wahres dran? Was meinen Sie?

Und was sagen Sie, war früher Alles besser?
Was vermissen Sie von früher?
(Diskussionsrunde)

20.) Einkaufen

„Die Katze im Sack kaufen"

Tipp: Eine Aktivierungskiste zum Thema „Einkauf" ist sehr hilfreich. Darin enthalten könnten zum Beispiel sein:
- Einkaufsnetz
- Einkaufszettel
- Kassenbon
- Portemonnaie mit Kleingeld
- leere Verpackungen verschiedener Artikel
- Werbung

Die einzelnen Gegenstände sichten, benennen und darüber reden.

Biografische Fragen:
1. Gehen /gingen Sie gern einkaufen?
2. Wo kaufen/kauften Sie meist ihre Lebensmittel?
3. Für wie viele Personen kaufen/mussten Sie einkaufen?
4. Haben/Hatten Sie immer einen Einkaufszettel als Gedankenstütze?
5. Achten/Achteten Sie auf Angebote?

Wo gibt es was zu kaufen?

Sie möchten Brot kaufen. Sie gehen zum…..	(Bäcker.)
Sie möchten ein Buch kaufen. Sie gehen in die….	(Bücherhandlung.)
Sie möchten Blumen kaufen. Sie gehen in das……	(Blumengeschäft.)
Sie möchten Medikamente kaufen. Sie gehen in die…	(Apotheke.)
Sie möchten ein Schulheft kaufen. Sie gehen in das …	(Schreibwarengeschäft.)
Sie möchten einen Fernseher kaufen. Sie gehen in ein..	(Elektronikgeschäft.)
Ich gehe in die Drogerie. Ich kaufe…………	(einen Lippenstift.)
Ich fahre zur Tankstelle. Ich kaufe………….	(Benzin.)
Ich gehe zum Fleischer. Ich kaufe…………	(Bratwurst.)
Ich fahre zum Baumarkt. Ich kaufe………	(Bretter.)
Ich gehe in ein Bekleidungsgeschäft. Ich kaufe…..	(ein Kleid.)
Ich fahre in ein Möbelhaus. Ich kaufe…….	(eine neue Küche.)

Wie haben Sie das Einkaufen von früher in Erinnerung?
Bis etwa Anfang der 70- er Jahre gab es noch viele Einzelgeschäfte.
An welche erinnern Sie sich?

- Bäckerei   (Backwaren)
- Fleischerei   (Fleisch und Wurst)
- Molkerei   (Milch und Milcherzeugnisse)
- Konsum   (Grundnahrungsmittel)
- Kaffeegeschäft   (Kaffee, aber auch Kakao und Süßigkeiten)
- Obst und- Gemüsegeschäft   (außerdem gab es hier auch Fisch)
- Eisenwarengeschäft   (Töpfe, Pfannen, Schrauben…..)
- Kurzwarengeschäft   (Nähzeug, Knöpfe aber auch Schreibartikel)
- Drogerie   (Kosmetikartikel, Tee……)
- Spielzeugwaren   (Puppen, Spielzeugautos……..)

Auf den Dörfern gab es oft Tante Emma Läden.
Hier gab es alles mögliche zu kaufen.
In dem kleinen Laden arbeitete meist nur eine Verkäuferin
und es bestand ein vertrautes Verhältnis zu den einzelnen Kunden.
Nicht selten wurde nach dem Einkauf noch ein bisschen geschwatzt.
Kennen Sie einen solchen Tante Emma Laden?
Erzählen Sie uns davon!

Heute gibt es große Supermärkte.
Können Sie bekannte Namen nennen?

Wir wollen heute in Gedanken gemeinsam in einem Supermarkt einkaufen.
Aber zuvor müssen wir uns einen Einkaufszettel schreiben.
Folgende Dinge schreiben wir auf:
Schreiben Sie die Wörter mit dem Zeigefinger in die Luft!

- Mehl
- Zucker
- Essig
- Öl
- Kaffee
- Salz
- Kartoffeln

Wenn man einkaufen geht, muss man auch immer darauf achten, dass man den richtigen Preis für das jeweilige Produkt bezahlt.
Können Sie erkennen, welche Preise richtig und welche falsch sind?

- ein Stück Butter	3,50 Euro	falsch
- eine Tüte Zucker	0,65 Euro	richtig
- eine Tüte Gummibärchen	4,99 Euro	falsch
- eine Flasche Eierlikör	5,99 Euro	richtig
- ein Paket Kaffee	3,79 Euro	richtig
- ein Glas Gewürzgurken	3,11 Euro	falsch
- ein Becher Bautzener Senf	2,90 Euro	falsch
- fünf Kilo Äpfel	4,99 Euro	richtig

Und nun noch einmal zu dem Sprichwort: „Die Katze im Sack kaufen"
Was ist mit dieser Redewendung gemeint und haben Sie schon einmal die Katze im Sack gekauft?
Erzählen Sie uns davon!

21.) Schule

„Was Hänschen nicht lernt, lernt Hans nimmermehr"

Tipp: Verschiedene Schulutensilien auf dem Tisch ausbreiten.
Das könnten zum Beispiel sein:
- Schiefertafel mit Griffel
- ein Stück Kreide
- ein Schulheft
- ein Rotstift
- eine Brotdose
- ein Füllfederhalter
- Buntstifte
- Lineal.......

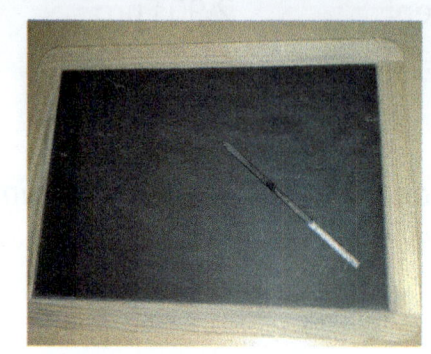

Schiefertafel mit Griffel

Biografische Fragen:
1. In welchem Jahr kamen Sie zur Schule?
2. Waren Sie ein guter Schüler/gute Schülerin?
3. Können Sie sich noch an die Namen ihrer Lehrer erinnern?
4. Hatten Sie einen weiten Schulweg?
5. Waren Sie schon einmal bei einem Klassentreffen?

Erzählen Sie uns davon!

Was gehört heute alles in ein Klassenzimmer?
- Große Schultafel, Kreide und Schwamm
- Lehrertisch mit Stuhl
- Klassenbuch
- Schülerbänke
- Beamer mit Folien und Stift

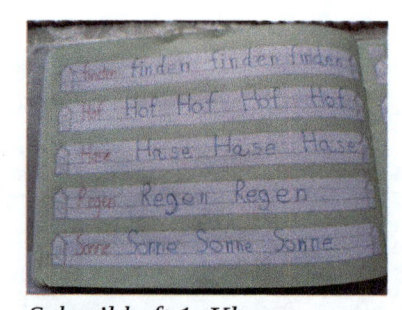

Schreibheft 1. Klasse

Beamer- Ist ein modernes Unterrichtsmittel. Man kann damit längere Texte, Fotos, Diagramme usw., die zuvor auf spezielle Folien gebracht werden, anschaulich an die Wand projektieren.

Wie sah ein Klassenzimmer früher aus?
Können Sie sich daran erinnern?

Warum wurden in der Nachkriegszeit oftmals Jahrgänge zusammen gelegt?
Wissen Sie es?
(Es bestand ein akuter Lehrermangel, weil viele Lehrer im Krieg gefallen waren oder als Nazis aus dem Schuldienst entlassen wurden.)

Damals gab es sehr kalte Winter. In manchen Schulen mussten die Kinder ein Stück Kohle mit in die Schule bringen, damit das Klassenzimmer geheizt werden konnte.
War das bei Ihnen auch so?

Schul-ABC
- **A**stronomie
- **B**iologie
- **C**hemie
- **D**eutsch
- **E**nglisch
- **F**ranzösisch
- **G**eschichte
- **H**ausaufgaben
- **K**lassenzimmer
- **L**ehrer
- **M**athematik
- **N**achhilfe
- **O**sterferien
- **P**hysik
- **R**echenaufgabe
- **S**chreibheft
- **T**intenfleck
- **U**nterschrift
- **W**andertag
- **Z**eugnisse

Schulklasse 1953

Schulfächer:
Was gehört zum Deutschunterricht?
- Buchstaben lernen
- lesen
- Diktate schreiben
- Aufsätze schreiben
- Gedichte lernen
-

Was gehört zum Mathematikunterricht?
- Zahlenlehre
- Zusammenrechnen (Addition)
- Abziehen (Subtraktion)
- Malrechnen (Multiplikation)
- Teilen (Division)

- Bruchrechnung
- Prozentrechung
- Gleichungen
- Geometrie....

Was gehört zum Biologieunterricht?
- Entstehung des Lebens
- Fortpflanzung von Lebewesen
- Tier- und Pflanzenwelt

-Was gehört zum Chemieunterricht?
- das Kennenlernen chemischer Elemente
- Erlernen chemischer Formeln
- Durchführen von Experimenten

Was gehört zum Geografieunterricht?
- das Kennenlernen der Kontinente
- der Landschaften
- der Länder
- der Städte
- Meere und Flüsse

Schmunzelecke:
Der Chemielehrer fragt: „Was geschieht mit Gold, wenn man es an der freien Luft liegen lässt"? Fritzchen antwortet: „Es wird gestohlen."

Die Mathelehrerin fragt: „Was ist 12x17+20?" Sie zeigt auf Peter.
Er antwortet: „eine Rechenaufgabe."

Die Lehrerin fragt:"Fritzchen, was hatten wir denn gestern auf?"
Fritzchen sagt: „Sie gar nichts, und ich meine Kappe."

Fragt der Lehrer die Klasse: „ Wer kann mir fünf Tiere aus Afrika nennen?"
Meldet sich ein Schüler und sagt: „ Vier Löwen und ein Zebra."

Kommt Fritzchen weinend zum Lehrer und sagt: „Peter hat mir mein Frühstücksbrot weggenommen." Fragt der Lehrer: „Und mit Absicht?" „ Nein, mit Wurst."

22.) Essen + Trinken
„Um den heißen Brei herum reden"

Biografische Fragen:
1. Gehen/gingen Sie gern ins Restaurant essen?
2. Probierten Sie gerne neue Rezepte aus?
3. Wurde bei Ihnen früher oft gegrillt?
4. Welche alkoholischen Getränke mögen Sie?
5. Welche Meinung haben Sie zu Fertiggerichten?

Mögen Sie Suppen?

Welche Suppen gibt es?
1. Gemüseeintopf, Nudeleintopf, Linsensuppe, Bohnensuppe, Reiseintopf, Gräupchensuppe, Möhrensuppe, Erbsensuppe, Kartoffelsuppe

Frischer Fisch auf den Tisch
Welche Fischgerichte gibt es?
- Karpfen blau
- Seelachsfilet
- Brathering
- Thunfisch
- Rollmops
- Matjeshering
- Fischstäbchen
- Forelle
- Ölsardine
- Tintenfischringe

Ein Wort passt nicht:

Gänsebraten	Schweinebraten	**Satansbraten**	Rinderbraten
Kartoffelsuppe	Gemüsesuppe	Nudelsuppe	**Puddingsuppe**
Gurkensalat	**Obstsalat**	Tomatensalat	Selleriesalat
Donauwelle	**Dauerwelle**	Erdbeertorte	Apfelkuchen
Pellkartoffeln	Bratkartoffeln	**Marzipankartoffel**	Salzkartoffel
Kirschauflauf	Kartoffelauflauf	Nudelauflauf	Blumenkohlauflauf

Was ist hier gemeint?

- Croissant — französisches Gebäck mit leicht gesüßten Hefeteig
- Baguette — französisches Stangenweißbrot
- Proviant — Verpflegung für unterwegs
- Dinner — festliches Abendessen mit Gästen
- Buffet — Tafel mit Speisen zur Selbstbedienung
- Snack — kurze Zwischenmahlzeit
- Imbiss — anderes Wort für Snack
- Dessert — Nachtisch
- Bouillon — Brühe
- Gratin — überbackene Speise

Was trinkt man zum Frühstück?
- Kaffee
- Tee
- Kakao
- warme Milch
- Saft

Welche Getränke gibt es außerdem?
- Wasser
- Limonade
- Cola

Welche alkoholischen Getränke kennen Sie?
- Bier
- Wein
- Sekt
- Likör
- Rum
- Whiskey
- Gin
- Cocktails
- Bowle

Bekannte Sprichwörter ergänzen und erklären:

- Viele Köche verderben den………..   **Brei.**
- Jemand gibt seinen ………..dazu.   **Senf**
- Das ist mir………..   **Wurst.**
- Jemand riecht den …….   **Braten.**
- Jemandem ………um den Bart schmieren. **Honig**
- Jemand spielt die beleidigte…….   **Leberwurst.**
- Jemand will immer eine …….   **Extrawurst.**
- In der Kürze liegt die………   **Würze.**
- Das ist nicht das Gelbe vom……   **Ei.**

Welche anderen Wörter für „essen" fallen Ihnen ein?

- mampfen	löffeln
- schnabulieren	reinhauen
- futtern	zulangen
- fressen	verzehren
- naschen	knabbern
- speisen	verputzen
- schlemmen	sich stärken

Welche anderen Wörter für „trinken" fallen Ihnen ein?

- saufen	tanken
- kübeln	einen heben
- zischen	zechen
- süffeln	bechern

Zum Schluss die Frage:
Was macht einer, der um den heißen Brei herum redet?

23.) Haare

„Das Haar in der Suppe suchen"

Tipp: Eine Aktivierungskiste zum Thema auf den Tisch stellen. Darin könnten zum Beispiel enthalten sein:
- *Kamm*
- *Spiegel*
- *Lockenwickler*
- *leere Dose Haarspray*
- *leere Flasche Shampoo*
- *Spangen*
- *Haarteile……*

Biografische Fragen:
1. Welche Haarfarbe haben Sie?
2. Welche Haarfarbe hatten Sie früher?
3. Haben Sie Ihre Haare gefärbt?
4. Hatten Sie jemals eine Dauerwelle?
5. Wie oft gehen Sie zum Friseur?

Nun ein bisschen Gymnastik
Sie stellen sich vor, Sie sind der Friseur.
Ein Friseur hat folgendes zu tun:

- Haare waschen	(Etwas gedachtes Shampoo auf ihren Kopf auftragen und mit beiden Händen kräftig ins Haar einmassieren.)
- Haare durchkämmen	(Mit einem fiktiven Kamm die Haare kämmen.)
- Haare schneiden	(Die linke Hand nimmt nacheinander eine Haarsträhne, mit dem Daumen und Zeigefinger der rechten Hand, werden Schnittbewegungen nachgeahmt.)
- Locken drehen	(mit linker Hand nacheinander eine Haarsträhne festhalten und diese um den Zeigefinger der rechten Hand wickeln.)
- Haare trocknen	(Setzen Sie sich nun eine gedachte Trockenhaube auf den Kopf.)
- Haare frisieren	(Nehmen Sie die Haube ab, und kämmen nun die trockenen Haare mit dem Kamm durch.)
- mit Spray fixieren	(Zum Schluss mit etwas Haarfestiger besprühen.)

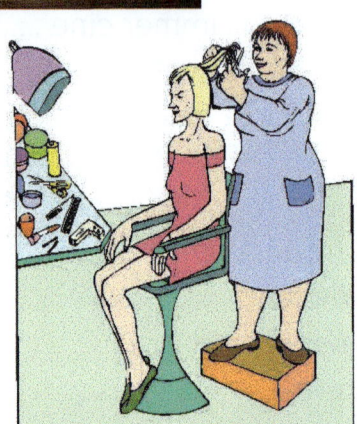

Schätzen Sie mal!

Wieviel Prozent der Weltbevölkerung ist blond?	(unter 2%)
Wieviel Prozent haben braune bis schwarze Haare?	(98%)
Wieviel Prozent haben rote Haare?	(unter 1%)
Welche Haarfarbe hat die meisten Haare?	(blonde Haare; ca. 150.000)
Welche Haarfarbe hat die wenigsten Haare?	(rote Haare ca. 80.000)

Was bedeuten folgende Redewendungen?

- Jemand hat Haare auf den Zähnen.
- Etwas ist an den Haaren herbei gezogen.
- Jemanden mit Haut und Haaren zum Fressen gern haben.
- Zwei kriegen sich in die Haare.
- Er kann niemandem ein Härchen krümmen.
- Das kannst du dir in die Haare schmieren.
- Jemand frisst einem die Haare vom Kopf.

Kennen Sie die folgenden Begriffe?

- Barbier	(alter Handwerksberuf, Friseur mit männlichen Kunden)
- Dauerwelle	(chemischer Umformungsprozess, von glatten zu gelockten Haaren)
- Coloration	(Haare färben)
- Spliss	(Kaputtes Haar, Haarspitzen teilen sich)
- Toupe	(Perücke)
- Dutt	(Damenfrisur, Haarknoten)
- Affenschaukeln	(zwei seitlich geflochtene Zöpfe zu Schlingen gebunden)
- Pagenschnitt	(jungenhafte Kurzhaarfrisur)
- Bob	(kinnlange Kurzhaarfrisur)
- Schmalzlocke	(Mit Pomade oder Haargel geformte Locke bei Männern, hatte ihren Ursprung in den 1950-er Jahren.) (Elvis Presley)

Was gehört alles in einen Friseursalon?

Friseurin, Kunden, Stühle, Garderobe, Waschbecken, Spiegel, Friseurstühle, Brause, Friseurumhänge, Kämme, Bürsten, verschiedene Scheren, Shampoo, Spülung, Haarkur, Spray, Haarfarbe, Alufolie, Lockenwickler, Trockenhaube, Fön, Zeitschriften....

24.) Kleidung
"Kleider machen Leute"

Biografische Fragen:
1. Was tragen Sie heute am liebsten?
2. Gingen Sie früher immer mit der Mode mit?
3. Hatten Sie einen Schuhfimmel?
4.. Mochten Sie es lieber lässig oder elegant?
5. Was halten Sie von der heutigen Mode?

Kleider ABC-

- **A**nzug	**M**antel
- **B**luse	**N**achthemd
- **C**ordhose	**O**verall
- **D**irndl	**P**elzmantel
- **E**tuikleid	**R**ock
- **F**altenrock	**S**onnenhut
- **G**ehrock	**T**rikot
- **H**errenhemd	**U**nterhose
- **J**acke	**V**elourrock
- **K**apuzenpullover	**W**indjacke
- **L**ongshirt	**Z**ipfelmütze

Was bedeuten folgende Modebegriffe?

- Pumphose	Eine weite bis zum Knie reichende Hose, die dort mit Bändern geschlossen wird.
- Fledermaus-Ärmel	(sehr weite Ärmel, die am Handgelenk eng werden)
- Puff-Ärmel	(besonders im oberen Teil gebauschter Ärmel)
- Steghose	(Hose mit Fersen-band an jedem Beinende)
- Petticoat	(Modeerscheinung der 1950-er Jahre. Weiter, steifer Unterrock, unter langen, taillenbetonten Röcken).
- Etuikleid	(schmales, figurbetontes Kleid)

- Pepita   (Gewebe mit klein kariertem Muster)
- Liebestöter   (Damenunterhose mit knielangem Bein oder lange
                       Männerunterhose).
- Bolero   (Kleines ,kurzes Jäckchen ohne Verschluss).

Aus welchen Stoffen können Kleidungsstücke bestehen?

Baumwolle, Samt,Leinen, Cord, Seide, Viskose, Leder, Feinstrick, Fleece, Boucle, Tüll, Frottee, Softshell, Elasthan…….

Wie nennt man die Personen, die die neueste Mode auf Fotos und in Filmen repräsentieren? Kennen Sie Namen?

- Model (Claudia Schiffer, Heidi Klum)

Was war ein modischer Dauerbrenner bei den Hausfrauen in den 1960- er und in den 70- er Jahren in Deutschland?

- Kittelschürze (bestand aus Nylon, in der DDR wurde sie aus Dederon gefertigt.)

Welche Schuhgröße haben Sie?

Nun wieder etwas zum Mitreimen:
Der Kleiderkauf

Ich gehe heut nach langer Zeit,
mal wieder los, und kauf ein **Kleid**.
Ein Kleid mit Glitter und Bordüren,
ich will den Erwin mal **verführen**.

Ein schwarzes Kleid, kurz übers Knie,
so was hatte ich noch **nie**.
Ganz eng am Körper, elegant.
Da frisst mir Erwin aus der **Hand**.

Tief ausgeschnitten, raffiniert,
am Rücken auffällig **geschnürt**.
Mit Glitzersteinchen schön verziert,
jetzt wird das Kleid mal **anprobiert**.

Das Kleid na ja, ich weiß nicht recht,
ne Nummer größer wär nicht **schlecht**.
Die Puppe da, sieht besser aus,
und ich komm aus dem Kleid nicht **raus**.

Ich komm nicht vor und nicht zurück,
doch plötzlich geht es doch ein **Stück**.
Ganz langsam, ja nicht mit Gewalt.
Mein Herz rast, mir wird heiß und **kalt**

Zwanzig Minuten sind vergangen,
dass ich in die Kabine **gegangen**.
Mit dem Kleid, so raffiniert,
ach hätt ich´s doch nie **anprobiert**.

Noch einmal kurz die Luft anhalten,
ich kann es ja nicht an **behalten**.
Mit einem Ruck, nun bin ich raus.
Jetzt will ich nur noch schnell nach **Haus**.

Eine Dame kommt zur Kabine hin,
dass ist wohl die **Verkäuferin**.
Sie fragt: „Darf´s eine Nummer größer sein"?
Ich sage: „**Nein**"!

Ist ihnen so etwas auch schon einmal passiert?
Erzählen Sie mal!

Ein Sprichwort sagt: „Kleider machen Leute"
Ist da etwas Wahres dran, was meinen Sie?
                    (Diskussionsrunde)

25.) Ein Kessel Buntes

"Kunterbunt, durcheinander"

Biografische Fragen:
1. Was ist Ihre Lieblingssendung im Fernsehen?
2. Was essen Sie am liebsten?
3. Wie haben Sie ihren Ehepartner kennen gelernt?
4. Hatten Sie ein Hobby?
5. Gingen Sie früher gern tanzen?

Nun eine kurze Bewegungsgeschichte:

Am Ende wird Alles gut

Gerade hat Ihr Wecker geklingelt. Sie liegen noch im Bett, und müssen erst einmal richtig zu sich kommen. Verschlafen blinzeln Sie mit den Augen und müssen gähnen. **(Mit den Augen blinzeln und mit vorgehaltener Hand gähnen.)** Dann strecken Sie Ihre müden Glieder. **(Arme und Beine recken und strecken).** Sie stehen schließlich auf, und schwingen erst das rechte Bein und dann das linke Bein aus dem Bett. **(Rechtes Bein etwas anheben und auf die rechte Seite stellen, das Linke kommt hinterher.)** Ja nicht anders herum, denn das bringt Pech. Nun gehen Sie ins Bad **(am Ort laufen)** und schauen in den Spiegel. Sie drehen mit der rechten Hand den Wasserhahn auf, **(Wasserhahn aufdrehen)** und waschen sich Ihr Gesicht. **(Mit beiden Händen das Gesicht waschen.)** Dann putzen Sie sich die Zähne. **(Zähne putzen.)** Beim Haare kämmen **(mit rechter Hand durch die Haare kämmen)** fällt Ihnen auf, dass Sie bald mal wieder zum Friseur gehen müssten. Sie versuchen mit beiden Händen etwas Volumen ins Haar zu bekommen. **(Mit beiden Händen in den Haaren wühlen.)** Na ja, so müsste es gehen. Jetzt noch bisschen Creme ins Gesicht, gegen die ollen Falten. **(Gesicht eincremen.)** Mit einem Handspiegel schauen Sie sich noch einmal von allen Seiten an, **(fiktiven Spiegel in der Hand halten und Kopf hin und her drehen)** und zupfen noch ein wenig an der Frisur herum. **(Mit den Fingern beider Hände an den Haaren zupfen.)** Jetzt wir es aber Zeit, für einen Kaffee. Sie gehen in die Küche **(am Platz laufen)** und suchen die Kaffeedose. Sie steht nicht an ihrem gewohnten Platz. Ah, ganz oben im Regal! **(Mit dem rechten Finger nach oben zeigen.)** Das war sicher Thomas, Ihr Enkel dieser große Mensch, als er gestern den Kaffeetisch abgeräumt

hat. Sie müssen sich nun sehr anstrengen, um an Ihren geliebten Kaffee zu kommen. **(Beide Hände nach oben strecken und sich gleichzeitig auf die Zehenspitzen stellen.)**
Geschafft! Nun kann es endlich los gehen. Sie öffnen die Dose,**(Deckel mit rechter Hand aufdrehen)** und der kräftige, aromatische Kaffeeduft steigt Ihnen sofort in die Nase.**(Mit der Nase schnüffeln.)** Die Kaffeebohnen kommen dann in die alte Kaffeemühle von Tante Frieda und werden zu feinem Pulver gemahlen.**(Kaffee mahlen, zuerst mit rechter Hand und dann mit links.)** Jetzt kommt der Kaffee in die Maschine und kann durchlaufen. Plötzlich klingelt es an der Tür. Oh weh, Sie sind noch immer im Schlafanzug! Durch Ihren Türspion erkennen Sie Herrn Schulze, Ihren Nachbarn. Sicher angelockt vom Kaffeeduft, der durch das offene Fenster drang. Schnell schlüpfen Sie in Ihre Sachen. Unterwäsche, Strümpfe……,alles geht ganz schnell. Aber das geblümte Kleid ist wohl etwas eng geworden. Sie stecken fest! **(Mit beiden Armen am Kleid ziehen, um es über den Kopf zu bekommen.)** Das war knapp! Aber jetzt zur Tür.**(Am Ort laufen.)** Herr Schulze hat frische Brötchen mit gebracht. Gemeinsam decken sie jetzt den Tisch und freuen sich auf ein leckeres Frühstück.

Wortpaare bilden:

Luft und	Liebe
Ach und	Krach
Hin und	Her
Kind und	Kegel
Saus und	Braus
Schwarz und	Weiß
Drunter und	Drüber
Mann und	Maus
Pauken und	Trompeten
Pech und	Schwefel
Mord und	Totschlag
Ort und	Stelle
Wind und	Wetter
Nacht und	Nebel

-Bilden sie bitte anschließend aus diesen Wortpaaren sinnvolle Sätze!
z.B. Früher lebte ich in Saus und Braus.

Jetzt sind Wörter gesucht:
- mit tt am Schluss:
Bett, Brett, satt, fett, nett, adrett, komplett, …….

- mit ee im Wort:
Meer, Teer, leer, Beere, Seele, Leerlauf, Speer

- mit nn im Wort:
Wanne, Kanne, Tanne, Pfanne, Rinne, Sonne, gewinnen, brennen, rennen, kennen...

- mit ie im Wort:
Liebe, Riemen, Schiene, Schieber, Mieter, Kiemen, probieren, schmieren, bedienen

- mit Q am Anfang:
Quark, Qualle, Quarantäne, Quere, Quiz, Quelle, Qual, Quirl, quengeln,

- mit ck am Schluss:
Heck, Zweck, Speck, Hack, Frack, Lack, Glück, Stück

Ein Wort- mehrere Bedeutungen:
- Tafel   (Tafel Schokolade; Schreibtafel; Kaffeetafel)
- Schlüssel   (Haustürschlüssel; Notenschlüssel)
- Feder   (Gänsefeder; Schreibfeder)
- Hahn   (Hahn als Tier; Wasserhahn; Wetterhahn)
- Ranzen   (Schulranzen; Ranzen als dicker Bauch)
- Mutter   Mutter als Elternteil; Mutter als Zubehör für die Schraube)
- Blatt   (Blatt vom Baum; Sägeblatt; Blatt Papier)
- Leiste   (Holzleiste; Leiste am menschlichen Körper)
- Rolle   (Papierrolle; Filmrolle)
- Korb   (Brotkorb; Einkaufskorb, Korb als Absage bekommen)
- Eis   (gefrorenes Wasser; Vanilleeis)
- Ball   (Fußball;Tanzveranstaltung)
- Scheibe   (Fensterscheibe; Wurstscheibe, Brotscheibe, Wurfscheibe)
- Masse   (Gewichtseinheit; Menschenmasse; Kloßmasse)

Wortfindungsübungen
Finden Sie die Gegensätze!
- hell   (dunkel)
- lang   (kurz)
- breit   (schmal)
- weiß   (schwarz)
- reich   (arm)
- traurig   (fröhlich)
- schnell   (langsam)

- krank   (gesund)
- beliebt   (unbeliebt)
- bunt   (einfarbig))
- stark   (schwach)
- nackt   (angezogen)
- blond   (dunkelhaarig)
- kaputt   (ganz)
- voll   (leer)
- ordentlich   (liederlich)

Eine schöne Idee, ist auch eine Abwandlung von dem Spiel -Name- Stadt - Land
Nach dem Alphabet stellen sich die Teilnehmer der Reihe nach vor.
Dabei kann jeder von sich preisgeben, was er möchte.
So, wie es ihm gerade einfällt.
Beispiel: Ich heiße **A**nton, komme aus **A**achen und esse gerne **A**al.
 Von Beruf bin ich **A**rzt und habe einen **A**ffen zu Hause.

Der nächste Teilnehmer berichtet vielleicht über seine Lieblingsblume oder ein Hobby.
Wichtig ist der Buchstabe, jetzt wäre das „B" an der Reihe.
Beispiel: Ich heiße **B**rigitte, komme aus **B**ulgarien und esse am liebsten **B**ohnen.
Mein Beruf ist **B**ardame und meine Lieblingsblume ist die **B**artnelke.

Natürlich dürfen alle anderen Teilnehmer der Runde auch mal helfen.
Am Anfang ist es etwas schwierig, da die Senioren ja für einen Moment eine andere Identität annehmen. Aber spätestens in der zweiten Runde haben alle das Spiel verstanden und sehr viel Spaß dabei. Außerdem wird Konzentration und Wortfindung trainiert.
Das Spiel sollte nur mit orientierten und fitten Senioren gespielt werden.

Zum Schluss noch eine Frage:
Was kann alles bunt sein?
Haben Sie eine Idee?
- Blumenstrauß
- Farbkasten
- Regenbogen
- Bild
- Schminkpalette
- Ball
- Laub im Herbst